经济与社会研究丛书

非随机化回答模型研究

梁敏 著

FEI SUIJIHUA HUIDA MOXING YANJIU

暨南大学出版社
JINAN UNIVERSITY PRESS

中国·广州

图书在版编目（CIP）数据

非随机化回答模型研究/梁敏著. —广州：暨南大学出版社，2019.3
（经济与社会研究丛书）
ISBN 978 - 7 - 5668 - 2581 - 0

Ⅰ. ①非…　Ⅱ. ①梁…　Ⅲ. ①统计调查—调查方法—研究　Ⅳ. ①C811

中国版本图书馆 CIP 数据核字（2019）第 040735 号

非随机化回答模型研究
FEI SUIJIHUA HUIDA MOXING YANJIU
著　者：梁　敏

┈┈┈

出 版 人：徐义雄
责任编辑：曾鑫华　高　婷
责任校对：林　琼
责任印制：汤慧君　周一丹

出版发行：暨南大学出版社（510630）
电　　话：总编室（8620）85221601
　　　　　营销部（8620）85225284　85228291　85228292（邮购）
传　　真：（8620）85221583（办公室）　85223774（营销部）
网　　址：http：//www. jnupress. com
排　　版：广州市天河星辰文化发展部照排中心
印　　刷：广州市穗彩印务有限公司
开　　本：787mm×960mm　1/16
印　　张：8.5
字　　数：140 千
版　　次：2019 年 3 月第 1 版
印　　次：2019 年 3 月第 1 次
定　　价：32.00 元

（暨大版图书如有印装质量问题，请与出版社总编室联系调换）

前　言

采用什么样的方法对敏感性问题实施调查，才能做到既能保护被调查者隐私，又能获得所需要的真实资料，是统计调查必须面对和需要解决的问题。随机化回答技术在解决这一问题上取得了丰硕的研究成果。使用随机化回答技术进行调查需要使用随机化装置在现场回答，这些装置的制作较为复杂，试验方法也有较高技术要求，还需要解释说明技术的原理以消除被调查者的疑虑，这种技术不仅操作不方便，而且实施成本高，更重要的是不易推广应用，极大地限制了敏感性问题调查的范围。为了解决以上问题，本书试图从以下三方面对随机化回答技术进行改进。

首先，在已有随机化回答模型的基础上提出四个改进的模型。关于定性问题，提出改进的 Simmons 模型和改进的 Simmons 模型的简化模型。前者介于直接提问模型和 Simmons 模型之间，其精度比 Simmons 模型高；后者是前者的简化，其操作更简便。关于定量问题，提出改进的加法模型和改进的乘法模型。前者是对加法模型的改进，其精度比加法模型高；后者是对乘法模型的改进，其精度比乘法模型高。

其次，对随机化回答技术的经典模型和新提出模型进行改造利用，用无关问题或敏感性问题替代随机化装置，或在问卷中使用独立的非敏感性问题来间接获得所需信息，实现了敏感性问题的问卷调查。关于定性敏感性问题的问卷调查设计了九种方法，其中八种用于二分类敏感性问题，一种用于多分类敏感性问题。关于定量敏感性问题的问卷调查设计了六种方法。

最后，对改进的四个随机化回答模型和设计的去除随机化装置的方法分别讨论了放回简单随机抽样和不放回简单随机抽样两种方式，给出了相应的无偏估计量、估计量的方差和方差的估计量，并以两个典型模型为代表说明了它们的应用。

　　由于水平和时间、经费的限制，虽然本书对敏感性问题的调查方法进行了系统的研究，但对于一些重要的问题，比如如何对不同调查方式进行科学比较和如何科学定义隐私的保护度等问题本书尚未进行研究，这些都是我们今后要继续完成的工作。由于笔者的知识和水平有限，书中难免有错误和不足之处，恳请读者批评指正！

梁　敏

2018 年 12 月于北京师范大学珠海分校

目　录

1 绪 论

1.1 研究背景和研究意义

1.1.1 研究背景

在调查中，经常会遇到敏感性问题，即所调查的内容涉及商业机密或个人隐私而不便向外界透露的问题，如考生考试作弊、企业偷税漏税、个人的不良嗜好或行为等。敏感性问题按问题指标特征可分为定性敏感性问题和定量敏感性问题两类。定性敏感性问题反映敏感性问题的性质和类别，其调查目标是得到具有各种敏感特征的人或事物的比例。早期的敏感性问题调查研究多局限于此类敏感性问题，并将敏感性问题特征分为两类（二项选择）或者多类（多项选择）。在实际生活中，很多敏感性问题我们仅知道其属于哪一类是远远不够的，我们还需了解特定人群或事物中敏感性问题的数量特征，即需要了解定量敏感性问题。定量敏感性问题反映了敏感特性的数值大小，其统计指标主要是均值。

对于敏感性问题，调查中若采用直接调查的方式，很难取得被调查者的信任和配合，往往会引起被调查者的抵触而拒绝回答或故意做出错误的回答，从而大大增加了调查中的非抽样误差。因此对这一类调查必须采用经过特别设计的调查方法，以消除被调查者的顾虑，使他们能够如实回答问题。这种特别设计的非直接提问方式能够使被调查者提供的信息看上去不敏感，从而保护被调查者的隐私，但调查者可以从被调查者的回答中提取出所需信息。

1965 年，Warner 首次提出调查敏感性问题的特殊处理方法，即随机化回答技术。此后，人们通过各种努力来不断修改、完善随机化回答模型，逐步形成用于定性敏感性问题和定量敏感性问题的两大类随机化回答模型。

运用随机化回答技术，虽然可能使估计量的方差增大，导致估计精度下降，但能够得到接近真实的回答，大大消除虚报和瞒报的现象，从而减少非抽样误差。这种以牺牲一定的估计精度换取真实回答从而减少非抽样误差的做法是值得尝试的。为此，本书在前人研究的基础上，又提出几种改进的模型。这些模型在一定条件下比经典模型的精度更高。

但是，使用随机化回答技术和模型方法对敏感性问题进行调查需要在现场使用随机化装置，这不仅增加了调查的成本和操作的难度，而且不适合在大的范围内实施。

随着计算机技术、互联网技术的飞速发展，家用电脑和手机的普及，互联网用户数量的快速攀升，网络在人们的工作、生活中占据着越来越重要的地位，利用互联网进行网上统计调查的需求变得越来越高。如果不使用随机化装置，就可以利用微信等对敏感性问题进行网络调查，那么关于敏感性问题的调查范围就可以大大拓宽，且这种调查方式顺应了大数据时代的要求。敏感性问题网络调查组织方式相对简单，调查数据能够实时上传到数据中心，不仅可以缩短数据录入时间、有效降低数据汇总过程中的人为登记误差，而且可以基于调查系统产生的并行数据开展调查误差分析等多方面的研究与应用。

1.1.2 研究意义

基于以上背景，本书选择去除随机化装置的敏感性问题调查为研究对象，使随机化回答技术可以用于敏感性问题的非现场调查，并对经典的和改进的随机化回答模型进行改造，提出用无关问题或敏感性问题替代随机化装置，或在问卷中使用独立的非敏感性问题来间接获得所需信息。这是一种去除随机化装置的敏感性问题调查方法。

本书的理论意义在于提供了一个提高经典随机化回答模型精度的思路，使常用的随机化回答模型更加有效。这拓宽了随机化回答技术的使用范畴，适用于不同类型的调查，适应大数据时代统计调查的特点，使随机化回答技术变得更加实用。尤其在敏感性问题非现场调查过程中，调查者只需要运用一定的方法对被调查者进行间接指导，对调查过程做间接控制，从而为敏感性问题调查开辟一条更为便捷的途径。

本书的实践意义在于节省人力、物力，以较小样本量就能达到同样的精度，拓展了敏感性问题的调查范围和领域。在当今大数据时代，数据获取不再局限于常规渠道，数据采集的模式大大扩展，一些传统模式中无法获得数据的渠道在当今大数据时代都可以进行有效的数据提取。通过实施去除随机化装置的敏感性问题调查，可降低调查成本，减轻调查者和被调查者的负担，达到缩短调查时间、提高调查的质量和效率的目的。

1.2 研究现状及述评

考察国内外关于敏感性问题抽样调查研究方面的文献资料可知，最近 50 多年来很多学者针对不同类型的问题，对随机化回答技术和非随机化回答技术进行了广泛而深入的研究，前者需要使用随机化装置而后者不需要。下文对这两方面的研究成果进行简要的回顾和评述。

1.2.1 随机化回答技术研究现状及述评

Warner 提出的随机化回答技术是向被调查者展示两个与敏感性问题有关但完全对立的问题，在他设计的模型中，由于两个调查问题都是敏感性问题，只是提法相反，被调查者可能仍有疑虑而不愿合作。1967 年，Simmons 等人对 Warner 模型进行了改进，提出了随机化回答技术的无关问题法。此后，人们通过各种努力，主要从提高精度和保护度（二者变化方向相反）两方面来不断修改、完善上述两个随机化回答模型，逐步形成用于定性敏感性问题和定量敏感性问题的两大类模型。前者具有代表性的模型有 Greenberg 模型、Kuk 模型、Mangat 模型、Christofides 模型等，不仅形成了多种随机化回答模型，而且研究领域也从具有两项选择的随机化回答模型扩展到具有多项选择的随机化回答模型。此外，有的学者将贝叶斯方法应用于随机化回答技术中，还有学者研究了同时估计多个敏感性特征以及个体不完全如实回答的情况。定量敏感性问题是对定性敏感性问题的直接推广，现今很多定量敏感性问题的结果是在已有的定性问题的研究基础上得到的。具有代表性的用于定量敏感性问题的模型有Greenberg 模型、加法模型、乘法模型、Gupta 模型等。

为了推广应用随机化回答技术，不少学者还将这种技术从简单随机抽样扩展到分层抽样、整群抽样等。

纵观国内外在随机化回答技术研究方面的情况，可以总结出值得继续深入研究的一些发展趋势：

第一，Warner 模型和 Simmons 模型是定性随机化回答模型的基石，其他模型都是在这两个模型的基础上改进得到的。而 Simmons 模型克服了 Warner 模型中的两个缺点。所以，在定性敏感性问题调查中，Simmons 模型应用较为广泛，但是该模型通过增加无关的非敏感信息来降低敏感信息的比例，虽然可以改善被调查者的合作态度，但最终回答在理论上有 $(1-p)$ 的概率回答与被调查者无关的问题，这会牺牲这部分样本中关于敏感性问题的信息，从而增大估计量的方差。因此为了使估计量达到同样的精度，必须增大样本量，这样就会耗费更多的人力、物力。如何使最后回答包含更多与敏感性问题有关的信息、减少无用信息是我们需要考虑和解决的问题。

第二，对于定量随机化回答模型，加法模型优于 Greenberg 模型。乘法模型和加法模型实质上是一样的，都是用一些无关的随机数据来干扰真实的数据，使调查者不能从被调查者的回答中确切地推断出其敏感数值的大小，但调查者可以从被调查者所回答的数字中提取出所需信息。在定量敏感性问题调查中，加法模型和乘法模型应用比较广泛，如何进一步提高这二者的精度是一个值得研究的问题。

1.2.2　非随机化回答技术研究现状及述评

随机化回答技术在敏感性问题抽样调查中的应用十分广泛，例如用于调查学生是否学术不端、运动员是否服用兴奋剂等。无论是哪种随机化回答技术，其中必有被调查者必须直接面对的敏感性问题，而且回答之前调查者要进行繁杂的规则说明，这样不利于被调查者的合作。为了使随机化回答技术的实用性得到进一步扩展，有少数学者研究了去除随机化装置的敏感性问题调查方法，如条款计数技术（Item Count Technique）、提名技术、反面问题法以及投影技法等，并将其应用于实践当中。

1. 条款计数技术

1979 年，Raghavarao 和 Federers 首次提出条款计数技术：从总体中有放回地随机抽取两个独立样本，第一个样本面对 G 个无关的非敏感性问题，第二个样本在 G 个无关的非敏感性问题基础上再添加一个敏感性问题，即第二个样本面对的是 $G+1$ 个问题。对于定性敏感性问题，被调查者给出回答"是"的问题数目。具有敏感性特征的人在总体中的比例的无偏估计量为第二个样本与第一个样本的回答"是"的问题数目均值之差。

可以看出，若第二个样本中有人回答"$G+1$"时，则该被调查者肯定具有敏感性特征，被调查者的隐私没有得到保护，因而 2007 年 Chaudhuri 和 Christofides 对该方法进行了改进，对第一个样本增加了一个问题"我具有敏感性特征 A 或不相关的非敏感性特征 F"，第二个样本的最后一个问题改成了"我不具有敏感性特征 A 或不具有不相关的非敏感性特征 F"。

对于定量敏感性问题，被调查者给出所有问题答案的和。敏感特性的数值均值的无偏估计量为第二个样本与第一个样本的样本均值之差。

条款计数技术容易被理解，可以用于大规模调查，但其公式推导比较复杂，参数 G 要比较大才能较好地保护被调查者隐私。但是当 G 很大时，要找 G 个无关的非敏感性问题不是件容易的事情。非敏感性问题太多会延长调查时间，使被调查者产生厌烦心理，给出回答"是"的问题数目时容易出错，而且估计量的方差随着 G 的增大而增大。

2. 提名技术

提名技术由 Miller 于 1985 年首次提出，后由 Thompson（1992）、Chaudhuri（2000、2008）进一步改进。在该方法中，被调查者回答的不是其本人的情况，而是其认识的人中具有敏感性特征的人数，即

$$x_j = A_j/(1 + B_j)$$

其中 A_j 为第 j 个人回答的其认识的人中具有敏感性特征的人数，B_j 为第 j 个人回答的具有敏感性特征的人的朋友数，则具有敏感性特征的人在总体中的比例的无偏估计量为：$\dfrac{\sum\limits_{j=1}^{n} x_j}{n}$。

这种方法需要很大的样本量，导致工作量和调查费用增多。

3. 反面问题法

2006 年，Esponda 首次提出反面问题法，2009 年 Esponda 和 Guerrero 又进一步改进了该模型。反面提问"我不属于"而非"我属于"的好处在于选项中有多个答案符合被调查者的情况，而被调查者只选择其中一个答案，因而能够保护被调查者的隐私。例如：

我的月收入不是（   ）。

A. 低于 5 000 元   B. 5 000 ~ 10 000 元   C. 高于 10 000 元

若被调查者属于选项 C，则其会选择 A 或 B，假设概率都是 0.5，令 X 为真实选项变量，Y 为被调查者填写的选项变量，则

$$P(Y = A) = P(Y = A \mid X = A)P(X = A) +$$
$$P(Y = A \mid X = B)P(X = B) +$$
$$P(Y = A \mid X = C)P(X = C)$$
$$= 0 + 0.5P(X = B) + 0.5P(X = C)$$

同理可得另外两个方程，于是可求出 $P(X = A)$、$P(X = B)$ 和 $P(X = C)$。

这种方法中被调查者选择每个选项的概率未必是相等的，比如收入属于选项 B 的人可能更倾向于选择 C 而不是 A，如何确定人们选择每个选项的概率是一个具有挑战性的问题。

4. 投影技法

2004 年，史锋苹和刘建平从心理学角度出发，对调查问卷精心设计、巧妙安排，通过抓住被调查者的心理来获取有效信息。这种方法主要适用于敏感性较低的问题，通常需要对调查者进行专门的培训。

以上都是不含随机化装置的可以用于非面对面的敏感性问题的调查方法，能由被调查者自行填写，保密性和时效性强，有效地克服了被调查者对敏感性问题的心理障碍。但由上述分析可知，这些方法都各有缺点，而且真正能用于定量敏感性问题调查的非常少。

1.3　研究内容与创新点

1.3.1　研究内容

本书的研究内容主要包括：

第 1 章概述全书基本脉络，介绍敏感性问题的特殊调查方法，以及国内外关于随机化回答技术的研究情况，并进行评述，指出存在的问题和值得深入研究的领域，并给出本书研究的主要内容，归纳出可能的创新点。

第 2 章是随机化回答技术的介绍。分别详细介绍用于定性和定量敏感性问题的经典模型。

第 3 章提出四个精度比经典模型更高的随机化回答模型。

第 4 章对经典模型和提出的模型进行改造利用，提出了用于定性敏感性问题的去除随机化装置的调查方法，实现了敏感性问题的问卷调查。该方法不需要调查者亲临现场，不受调查范围、调查规模及调查单位聚散的限制，给出了相应的无偏估计量，推算出估计量的方差和方差的估计量。

第 5 章提出了用于定量敏感性问题的去除随机化装置的调查方法。

第 6 章分别用一个实例对用于定性和定量敏感性问题的非随机化回答技术（根据提出模型改编）进行分析。

第 7 章对本书进行了总结，对问卷调查技术的理论体系及应用前景进行了展望，指出本书研究的不足和待改进之处。

1.3.2　创新点

本书对国内外已有的和笔者改进的随机化回答模型进行改编，对定性敏感性问题（包括二项选择和多项选择问题）和定量敏感性问题都提出了去除随机化装置的敏感性问题调查方法。

本书的创新点在于：

第一，提出四个精度更高的关于定性和定量敏感性问题的随机化回答模型，给出了相应的无偏估计量，推算出估计量的方差和方差的估计量。

第二，对随机化回答技术的经典模型和笔者提出的精度更高的随机化回答模型进行改造利用，提出用无关问题或敏感性问题替代随机化装置，或在问卷中使用非敏感性问题来间接获得所需信息的九种关于定性敏感性问题的问卷模型，分别讨论了放回简单随机抽样和不放回简单随机抽样两种方式。该方法去除了制作复杂的随机化装置，因而成本低、易于推广应用，适用于不同类型的调查。

第三，提出六种关于定量敏感性问题的问卷调查方法，分别讨论了放回简单随机抽样和不放回简单随机抽样两种方式。该技术不需要随机化装置，和普通问卷调查一样，具有操作简便、调查成本低、效率高、适合于大规模调查等优点，在敏感性问题调查中具有广阔的应用前景。

2 经典随机化回答技术介绍

2.1 用于定性敏感性问题的经典随机化回答技术

2.1.1 Warner 模型

美国统计学家 Warner 于 1965 年首次提出随机化回答模型（即 Warner 模型），开创了敏感性问题调查的先河。该模型的调查设计是向被调查者展示两个与敏感性问题（具有特征 A）有关但完全对立的问题：一个问题是"你具有特征 A 吗？"另一个问题是"你不具有特征 A 吗？"这两个问题的答案都只有"是"与"否"。实施随机化回答模型需要设计一种随机化装置，使被调查者以已知概率 p 回答第一个问题，而以概率 $1-p$ 回答第二个问题。重要的是调查者不知道被调查者回答的是哪一个问题，从而保护了被调查者的隐私。

设总体中具有特征 A 的比例为 π_A，则被调查者回答"是"的概率为：

$$P(是) = p\pi_A + (1-p)(1-\pi_A)$$

考虑一个放回简单随机样本，若 n 个被调查者中有 m 个回答"是"，则 π_A 的一个估计 $\hat{\pi}_A$ 满足：

$$\frac{m}{n} = p\hat{\pi}_A + (1-p)(1-\hat{\pi}_A)$$

当 $p \neq \dfrac{1}{2}$ 时，有：

$$\hat{\pi}_A = \frac{1}{2p-1}\Big[\frac{m}{n} - (1-p)\Big]$$

其方差为：

$$V(\hat{\pi}_A) = \frac{\pi_A(1-\pi_A)}{n} + \frac{p(1-p)}{n(2p-1)^2} \qquad (2.1)$$

它的一个无偏估计为：

$$v(\hat{\pi}_A) = \frac{\hat{\pi}_A(1-\hat{\pi}_A)}{n-1} + \frac{p(1-p)}{n(2p-1)^2}$$

2.1.2　Simmons 模型（无关问题模型）

由于 Warner 模型中两个调查问题都是敏感性问题，只是提法相反，对此被调查者可能仍有疑虑而不愿合作。另外，Warner 模型要求 $p \neq \frac{1}{2}$，且当 p 接近 $\frac{1}{2}$ 时估计量的方差增大，而当 p 离 $\frac{1}{2}$ 太远，即接近 0 或 1 时，又会增加被调查者的顾虑。为克服 Warner 模型的上述缺点，Simmons（1967）将敏感性问题的对立问题改成了与调查问题毫无关联的非敏感性问题，总体中具有非敏感性特征 B 的比例 π_B 在设计时已知。

样本中回答"是"的概率为：

$$P(是) = p\pi_A + (1-p)\pi_B$$

则：

$$\pi_A = \frac{1}{p}[P(是) - (1-p)\pi_B]$$

π_A 的一个估计 $\hat{\pi}_A$ 满足：

$$\frac{m}{n} = p\hat{\pi}_A + (1-p)\pi_B$$

则：

$$\hat{\pi}_A = \frac{1}{p}\left[\frac{m}{n} - (1-p)\pi_B\right]$$

其方差为：

$$V(\hat{\pi}_A) = \frac{\pi_A(1-\pi_A)}{n} + \frac{(1-p)^2\pi_B(1-\pi_B)}{np^2} + \frac{(1-p)(\pi_A+\pi_B-2\pi_A\pi_B)}{np} \quad (2.2)$$

它的一个无偏估计为:

$$v(\hat{\pi}_A) = \frac{1}{(n-1)p^2} \frac{m}{n}\left(1 - \frac{m}{n}\right)$$

2.1.3　Greenberg 模型

Greenberg 等人(1969)详尽地讨论了 Simmons 模型,将其推广到 π_B 未知时的情形,由于有两个未知数,此时需要两个样本。设从总体中抽取两个独立的样本,其样本量分别为 n_1 和 n_2,$n = n_1 + n_2$。两个问题在两套随机化装置中出现的比例为 $p_i:(1-p_i)$,$i = 1, 2$;其中 $p_i(p_1 \neq p_2)$ 已知,则两套随机化装置中回答"是"的概率为:

$$\lambda_i = p_i\pi_A + (1-p_i)\pi_B, i = 1, 2$$

解此方程组得:

$$\pi_A = \frac{\lambda_1(1-p_2) - \lambda_2(1-p_1)}{p_1 - p_2}$$

设两个样本中回答"是"的人数分别为 n_1' 和 n_2',令 $\hat{\lambda}_1 = \frac{n_1'}{n_1}$ 和 $\hat{\lambda}_2 = \frac{n_2'}{n_2}$,于是 π_A 的无偏估计为:

$$\hat{\pi}_A = \frac{\hat{\lambda}_1(1-p_2) - \hat{\lambda}_2(1-p_1)}{p_1 - p_2}$$

它的方差为:

$$V(\hat{\pi}_A) = \frac{1}{(p_1-p_2)^2}\left[\frac{\lambda_1(1-\lambda_1)(1-p_2)^2}{n_1} + \frac{\lambda_2(1-\lambda_2)(1-p_1)^2}{n_2}\right], p_1 \neq p_2 \quad (2.3)$$

它的一个无偏估计为:

$$v(\hat{\pi}_A) = \frac{1}{(p_1-p_2)^2}\left[\frac{\hat{\lambda}_1(1-\hat{\lambda}_1)(1-p_2)^2}{n_1} + \frac{\hat{\lambda}_2(1-\hat{\lambda}_2)(1-p_1)^2}{n_2}\right]$$

Greenberg 指出 π_B 已知时的精度比 π_B 未知时的精度高,这是因为 π_B 未知时需要牺牲一部分样本信息去估计 π_B,并给出了几个选择参数的建议:

(1)如何选择 π_B。如果根据以往的信息能够大致估计出 π_A 的值,则让 π_B 与 π_A 在 0.5 的同一边,并尽量让 $|\pi_B - 0.5|$ 大一些。如果对 π_A 一无所知,

则让 π_B 介于 0.25 和 0.75 之间。

（2）如何选择 p_1 和 p_2。首先在不增加被调查者的顾虑情况下选择 p_1（一般使 p_1 在 0.2 或 0.8 附近），然后选择 p_2，使得 $p_2 = 1 - p_1$。

（3）如何选择 n_1 和 n_2。精度最高时样本量分配公式（最优分配）为：

$$\frac{n_1}{n_2} = \sqrt{\frac{\lambda_1(1 - \lambda_1)(1 - p_2)^2}{\lambda_2(1 - \lambda_2)(1 - p_1)^2}}$$

（4）在选择 π_B 和 p_1、p_2 时不应只考虑估计量的方差，还应考虑被调查者的合作度，否则虚假回答或拒绝回答所造成的非抽样偏差将在均方差中占有很大比重。

当问题高度敏感时，即使采用随机化回答模型，被调查者仍然可能不如实回答。当被调查者不完全真实回答时，Greenberg 等人给出了 Warner 模型和 Simmons 模型的有偏估计量并指出，由于 Simmons 模型中的第二个问题是与调查问题毫无关联的非敏感性问题，其真实回答率比 Warner 模型高，因此 Simmons 模型的精度要比 Warner 模型高很多。即使两个模型的真实回答率一样，如果 Simmons 模型中两个样本的样本量采取最优分配，Simmons 模型的精度仍然要比 Warner 模型高。而且只要真实回答率上升一点点，这两个模型中的偏差在均方差中的比重便会迅速下降，仅从这一点看，Simmons 模型要比 Warner 模型好很多。

2.1.4 Kuk 模型

在大多数随机化回答模型中，被调查者要直面一部分敏感性问题，并回答"是"或"否"，因此被调查者可能仍会有疑虑。为了克服这个缺点，Kuk（1990）提出一种新的模型，他给每个被调查者提供两个装有红白两种卡片的盒子，红卡片占两个盒子卡片的比例分别为 θ_1 和 $\theta_2(\theta_1 \neq \theta_2)$。被调查者从两个盒子中分别随机抽取一张卡片，若被调查者具有敏感性特征 A，则回答第一个盒子中所抽取卡片的颜色，否则回答第二个盒子中所抽取卡片的颜色。

设总体中具有敏感性特征 A 的比例为 π_A，则对任意一个被调查者抽到红色卡片的概率为：

$$P(红) = \theta_1 \pi_A + \theta_2 (1 - \pi_A)$$

于是：

$$\pi_A = \frac{P(红) - \theta_2}{\theta_1 - \theta_2}$$

若样本中回答红色卡片的比例为 r，则 π_A 的一个估计 $\hat{\pi}_A$ 为：

$$\hat{\pi}_A = \frac{r - \theta_2}{\theta_1 - \theta_2}$$

其方差为：

$$
\begin{aligned}
V(\hat{\pi}_A) &= \frac{P(红)[1 - P(红)]}{n(\theta_1 - \theta_2)^2} \\
&= \frac{\pi_A(1 - \pi_A)}{n} + \frac{\pi_A\theta_1(1 - \theta_1) + (1 - \pi_A)\theta_2(1 - \theta_2)}{n(\theta_1 - \theta_2)^2}
\end{aligned}
\tag{2.4}
$$

它的一个无偏估计为：

$$v(\hat{\pi}_A) = \frac{P(红)[1 - P(红)]}{(n - 1)(\theta_1 - \theta_2)^2}$$

因此，若 $\theta_1 = p$，$\theta_2 = 1 - p$，则该模型的精度等同于 Warner 模型；若 $\theta_1 = p + (1 - p)\pi_B$，$\theta_2 = (1 - p)\pi_B$，则该模型的精度等同于 Simmons 模型。

Kuk 模型的另一个优点是可以重复，从而可以在不增加调查费用的前提下获得更多数据，以提高精度。被调查者从两个盒子中分别以放回简单随机抽样方式抽取 K 张卡片，若被调查者具有敏感性特征 A，则回答第一个盒子中所抽到的红色卡片数，否则回答第二个盒子中所抽到的红色卡片数。

若样本中回答红色卡片的比例为 r_k，则 π_A 的一个估计 $\hat{\pi}_A$ 为：

$$\hat{\pi}_A = \frac{r_k - \theta_2}{\theta_1 - \theta_2}$$

其方差为：

$$
\begin{aligned}
V(\hat{\pi}_A) &= \frac{1}{k}\frac{P(红)[1 - P(红)]}{n(\theta_1 - \theta_2)^2} + \left(1 - \frac{1}{k}\right)\frac{\pi_A(1 - \pi_A)}{n} \\
&= \frac{1}{k}\left[\frac{\pi_A(1 - \pi_A)}{n} + \frac{\pi_A\theta_1(1 - \theta_1) + (1 - \pi_A)\theta_2(1 - \theta_2)}{n(\theta_1 - \theta_2)^2}\right] +
\end{aligned}
$$

$$\left(1 - \frac{1}{k}\right)\frac{\pi_A(1 - \pi_A)}{n}$$

$$= \frac{\pi_A(1 - \pi_A)}{n} + \frac{1}{k}\frac{\pi_A\theta_1(1 - \theta_1) + (1 - \pi_A)\theta_2(1 - \theta_2)}{n(\theta_1 - \theta_2)^2} \quad (2.5)$$

因此，K 越大，精度越高。

2.1.5 Mangat 模型

Mangat 等人（1990）提出了一个需要两个随机化装置的模型，在该方法中，所有被调查者首先经历第一套装置，以概率 T 回答敏感性问题，以概率 $1 - T$ 抽取第二套随机装置，在第二套随机装置中，以概率 p 回答敏感性问题，以概率 $1 - p$ 回答与敏感性问题无关的非敏感性问题。于是对任意一个被调查者，回答"是"的概率为：

$$\lambda = [T + p(1 - T)]\pi_A + (1 - T)(1 - p)(1 - \pi_A)$$

则：

$$\pi_A = \frac{\lambda - (1 - T)(1 - p)}{2p - 1 + 2T(1 - p)}$$

设样本中回答"是"的人数为 m，则 π_A 的一个无偏估计为：

$$\hat{\pi}_A = \frac{\frac{m}{n} - (1 - T)(1 - p)}{2p - 1 + 2T(1 - p)}$$

其方差为：

$$V(\hat{\pi}_A) = \frac{1}{[2p - 1 + 2T(1 - p)]^2}V(\frac{m}{n})$$

$$= \frac{\lambda(1 - \lambda)}{n[2p - 1 + 2T(1 - p)]^2}$$

$$= \frac{\pi_A(1 - \pi_A)}{n} + \frac{(1 - T)(1 - p)[1 - (1 - T)(1 - p)]}{n[2p - 1 + 2T(1 - p)]^2} \quad (2.6)$$

$V(\hat{\pi}_A)$ 的一个无偏估计为：

$$v(\hat{\pi}_A) = \frac{\frac{m}{n}(1 - \frac{m}{n})}{(n - 1)[2p - 1 + 2T(1 - p)]^2}$$

Mangat 模型介于直接提问模型和 Warner 模型之间，T 越大，直接回答的比例越高，精度越高。当 $T > \dfrac{1-2p}{1-p}$ 时，该模型的精度高于 Warner 模型。当 $T=1$ 时，该模型等同于直接提问模型；当 $T=0$ 时，该模型等同于 Warner 模型。

1994 年，Mangat 对 1990 年的模型进行了简化，其调查设计是：如果被调查者具有敏感性特征 A，则回答"是"，否则运用与 Warner 模型相同的装置回答，于是有：

$$P(\text{是}) = \pi_A + (1 - \pi_A)(1 - p)$$

则：

$$\pi_A = \frac{P(\text{是}) - 1 + p}{p}$$

设样本中回答"是"的人数为 m，则 π_A 的一个无偏估计为：

$$\hat{\pi}_A = \frac{\dfrac{m}{n} - 1 + p}{p}$$

其方差为：

$$
\begin{aligned}
V(\hat{\pi}_A) &= \frac{1}{p^2} V\left(\frac{m}{n}\right) \\
&= \frac{P(\text{是})[1 - P(\text{是})]}{np^2} \\
&= \frac{\pi_A(1 - \pi_A)}{n} + \frac{(1 - \pi_A)(1 - p)}{np}
\end{aligned}
\tag{2.7}
$$

$V(\hat{\pi}_A)$ 的一个无偏估计为：

$$v(\hat{\pi}_A) = \frac{\dfrac{m}{n}\left(1 - \dfrac{m}{n}\right)}{(n-1)p^2}$$

由于回答"是"的人有具有敏感性特征 A 的也有不具有敏感性特征 A 的，而回答"否"的人则全部来自于没有敏感性特征的人群，Mangat 认为这样能提高被调查者的合作度，而且当 $p > \dfrac{1}{3}$ 时，此模型的精度比 Warner 模型高，此外，该模型比 1990 年 Mangat 提出的模型操作简单。

2.1.6 Christofides 模型（2003）

Christofides 提出的模型也不需要被调查者直面敏感性问题回答"是"或"否"，在该模型中，每个被调查者都使用一种能分别以概率 p_1，…，p_L 随机地产生整数 1，…，L 的装置。若被调查者具有敏感性特征，则回答使用该装置所产生的随机整数与 $L+1$ 之间的距离，否则回答该整数与 0 之间的距离。例如，$L=8$ 而被调查者回答"5"，则有两种可能，要么该被调查者具有敏感性特征且产生的随机数为 4，要么他没有敏感性特征且产生的随机数为 5。当 $L=2$ 时，该模型与 Warner 模型的精度是一样的，因为此时二者的原理相同。当 $L \geqslant 3$ 时，我们总可以选择适当的 L 和 p_1，…，p_L，使 Christofides 模型的精度比 Warner 模型高。

和 Kuk 模型一样，Christofides 模型的另一个优点也是可以重复，即每个被调查者可以重复使用装置，并且每次都根据自己是否具有敏感性特征报告其使用装置所产生的随机整数与 $L+1$ 或 0 之间的距离，重复的次数越多（每个人重复的次数可以不一样），精度越高。因此该模型也可以在不增加调查费用的前提下提高精度，但也不能重复太多次，否则可能会遭到被调查者的拒绝。

2.1.7 Christofides 模型（2005）

有时我们可能对同时具有两个敏感性特征的人群感兴趣。例如，我们可能想知道收入高于某一水平的逃税者比例。搜集这一类信息是有用的，比如可以用于获得事后分层的层权。

现有两个敏感性特征 A 和 B，姑且假设 A 和 B 相关，否则可以分别估计敏感性特征比例 θ_A 和 θ_B。考虑一个放回简单随机样本，n 个被调查者每人使用随机化装置（所有 p_j 都非 0 且至少有一个 $p_j \neq \dfrac{1}{L}$）两次。

若被调查者第一次使用随机化装置产生的随机数为 k 且该被调查者具有敏感性特征，则回答 $L+1-k$（k 与 $L+1$ 之间的距离），否则回答 k（k 与 0 之间的距离）。

若被调查者第二次使用随机化装置产生的随机数为 m 且该被调查者具有敏感性特征，则回答 $L + 1 - m$ ，否则回答 m 。

设第 i 个被调查者两次回答的数据分别为 z_i 和 w_i ，令：

$$r_i = \frac{z_i - \mu}{L + 1 - 2\mu} , \quad t_i = \frac{w_i - \mu}{L + 1 - 2\mu}$$

其中：

$$\mu = \sum_{k=1}^{L} k p_k$$

则 $\bar{r} = \frac{1}{n} \sum_{i=1}^{n} r_i$ 和 $\bar{t} = \frac{1}{n} \sum_{i=1}^{n} t_i$ 分别是 θ_A 和 θ_B 的无偏估计。

从这两个估计量还可推导出 θ_{AB} 、$\theta_{A|B}$ 、$\theta_{A|B^c}$ 、$\theta_{B|A}$ 和 $\theta_{B|A^c}$ ，其中 θ_{AB} 表示同时具有敏感性特征 A 和 B 的比例，$\theta_{A|B}$ 表示具有敏感性特征 B 的人中具有敏感性特征 A 的比例等。

2.1.8　用于多分类敏感性问题的模型

设 A_1 ，$\cdots$ ，A_k 是敏感性问题 A 的 k 个种类，特征 B 是与 A 不相关的非敏感性特征，B_1 ，$\cdots$ ，B_k 是非敏感性问题 B 的 k 个种类，即敏感性问题 A 和非敏感性问题 B 的种类个数相同。总体中 A 的各种类比例 π_{A_1} ，π_{A_2} ，$\cdots$ ，π_{A_k} 未知且需要估计，而 B 的各种类比例 π_{B_1} ，π_{B_2} ，$\cdots$ ，π_{B_k} 在设计时已知。

准备一套卡片，有红蓝两色，红色卡片上写"你属于敏感性特征 A 的哪个种类?"，蓝色卡片上写"你属于非敏感性特征 B 的哪个种类?"。红蓝两色卡片出现的比例为 $p : (1 - p)$ 。考虑一个放回简单随机样本，让 n 个被调查者随机抽取一张卡片并回答卡片上的问题。

即被调查者以概率 p 回答敏感性问题，以概率 $1 - p$ 回答非敏感性问题。于是对任意一个被调查者，回答为第 i 个种类的概率为：

$$P(i) = p\pi_{A_i} + (1 - p)\pi_{B_i} , \quad i = 1 , \cdots , k$$

于是：

$$\pi_{A_i} = \frac{P(i) - (1-p)\pi_{B_i}}{p} , i = 1 , \cdots, k$$

设样本中回答为第 i 个种类的人数为 m_i，则 $m_i \sim \text{Binomial}(n, P(i))$，于是 $P(i)$ 的一个估计为 $\frac{m_i}{n}$，从而 π_{A_i} 的一个估计为：

$$\hat{\pi}_{A_i} = \frac{\frac{m_i}{n} - (1-p)\pi_{B_i}}{p} , i = 1 , \cdots, k$$

由于 $E(m_i) = n \cdot P(i)$，$V(m) = n \cdot P(i)[1 - P(i)]$，因而 $E(\hat{\pi}_{A_i}) = \pi_{A_i}$，即 $\hat{\pi}_{A_i}$ 是 π_{A_i} 的无偏估计量，且：

$$V(\hat{\pi}_{A_i}) = \frac{1}{p^2}V(\frac{m_i}{n})$$

$$= \frac{P(i)[1 - P(i)]}{np^2} , i = 1 , \cdots, k \qquad (2.8)$$

$V(\hat{\pi}_{A_i})$ 的一个无偏估计为：

$$v(\hat{\pi}_{A_i}) = \frac{\frac{m_i}{n}\left(1 - \frac{m_i}{n}\right)}{(n-1)p^2} , i = 1 , \cdots, k$$

2.1.9 贝叶斯模型

Warner 模型中所得到的无偏估计量 $\hat{\pi}_A$ 并不是最大似然估计，这是因为 $\hat{\pi}_A$ 有可能不属于区间 $[0, 1]$，它有可能为负数也有可能大于 1，最大似然估计应为 $\min\{\max\{0, \hat{\pi}_A\}, 1\}$，但该估计量是有偏的。

由于这个原因，同时也为了尽可能地利用一切已有信息（尤其对于随机化回答的样本来说，先验信息即抽样前就获得的有关 π_A 的经验和历史资料更是宝贵，因为为了换取真实回答已经牺牲一部分样本信息了），Winkler 和 Franklin 于 1979 年首次提出了随机化回答模型下的贝叶斯估计（基于 Warner 模型）。在 Warner 模型中，回答"是"的概率为：

$$P(\text{是}) = p\pi_A + (1-p)(1-\pi_A)$$

则：

$$1-p \leq P(\text{是}) \leq p$$

样本中回答"是"的人数服从参数为 $(n, P(\text{是}))$ 的二项分布，而二项分布和贝塔分布是一对共轭分布，由于共轭分布能极大简化贝叶斯推断，使得后验分布和先验分布具有相同的形式，Winkler 和 Franklin 假定待估参数 π_A 的先验分布为贝塔分布（选择贝塔分布的另一个原因是根据往年的信息，π_A 的分布可能接近贝塔分布）。由于在随机化回答模型下不是全部样本信息有用〔或者说 $1-p \leq P(\text{是}) \leq p$，而非 $0 \leq P(\text{是}) \leq 1$〕，因而 π_A 的后验分布是 $n+1$（n 为样本容量）个不同贝塔分布的混合而非单一的贝塔分布（如果是通常的直接提问模型，则得到单一的贝塔分布），为简化计算，Winkler 和 Franklin 将似然函数做了近似处理，仍然得到了较准确的贝叶斯估计。

Pitz（1980）则对 Simmons 模型给出了贝叶斯分析，他考虑的是抽样前对 π_A 一无所知的情况，于是假定先验分布为 $[0,1]$ 上的均匀分布，由于均匀分布是贝塔分布的一个特殊情况，他得到了与上面类似的结论。

O'Hagan（1987）给出了更稳健且计算更简单的线性贝叶斯估计，将其用于 Warner 模型和 Simmons 模型。线性贝叶斯估计不要求完全知道先验分布，只需要知道先验分布的一阶和二阶矩。从比较的结果来看，只要先验分布不太偏离正态分布，就能得到较准确的估计。这样当人们对先验分布不确定时，该方法就很有优势了。

Wakeel 和 Aslam（2013）用 Simmons 模型估计总体中具有稀有敏感性特征的比例 π_A，为提高精度，选择了一个无关问题使 π_B 也很小，这样当样本容量较大时，回答"是"的人数近似服从参数为 $\lambda = p\lambda_A + (1-P)\lambda_B$（其中 $\lambda_A = n\pi_A$，$\lambda_B = n\pi_B$）的泊松分布。由于泊松分布与伽马分布是共轭分布，Wakeel 和 Aslam 假设 λ 的先验分布为伽马分布，算出后验分布为复合伽马分布，从而得到 λ_A 的贝叶斯估计量，并用数据模拟的方法证实了该贝叶斯估计量比古典方法得到的估计量更有效。

2.1.10　分层随机抽样下的随机化回答模型

Singh 等人提出的 Neyman 分配分层随机抽样的 Mangat 模型随机化回答技术被认为是目前分层 RRT 技术中精度最高的。在该模型中，总体分为 L 层，每层采取放回简单随机抽样。假设待估计的目标量 π_A 是具有敏感性特征的人数比例，π_B 是具有非敏感性特征的人数比例。n_h 表示第 h 层的样本单元数，n 为总样本单元数，则 $\sum_{h=1}^{L} n_h = n$。

（1）第 h 层非敏感性特征人数比例 π_{Bh} 已知的情形。

在第 $h(h = 1，\cdots，L)$ 层中，所有被调查者首先经历第一套装置，以概率 T_h 回答敏感性问题，以概率 $1 - T_h$ 抽取第二套随机装置，在第二套随机装置中，以概率 P_h 回答敏感性问题，以概率 $1 - P_h$ 回答非敏感性问题。于是对第 h 层中任意一个被调查者，回答为"是"的概率为：

$$\lambda_h = \left[T_h + P_h(1 - T_h) \right] \pi_{Ah} + (1 - T_h)(1 - P_h)\pi_{Bh}$$

这里 λ_h 为第 h 层中回答"是"的人数比例，π_{Ah} 是第 h 层中具有敏感性特征的人群比例，π_{Bh} 是第 h 层中具有非敏感性特征的人数比例。于是 π_{Ah} 的无偏估计 $\hat{\pi}_{Ah}$ 为：

$$\hat{\pi}_{Ah} = \frac{\hat{\lambda}_h - (1 - T_h)(1 - P_h)\pi_{Bh}}{T_h + P_h(1 - T_h)}$$

其方差为：

$$V(\hat{\pi}_{Ah}) = \frac{\lambda_h(1 - \lambda_h)}{n_h \left[T_h + P_h(1 - T_h) \right]^2}$$

总体比例 π_A 的一个无偏估计为：

$$\hat{\pi}_A = \sum_{h=1}^{L} W_h \hat{\pi}_{Ah} = \sum_{h=1}^{L} W_h \frac{\hat{\lambda}_h - (1 - T_h)(1 - P_h)\pi_{Bh}}{T_h + P_h(1 - T_h)}$$

这里层权 $W_h = \dfrac{N_h}{N}$，其中 N_h 为第 h 层的总体单元数，N 为总体中的单元总数，$\sum_{h=1}^{L} N_h = N$。

其方差为:

$$V(\hat{\pi}_A) = \sum_{h=1}^{L} W_h^2 V(\hat{\pi}_{Ah}) = \sum_{h=1}^{L} W_h^2 \frac{\lambda_h(1-\lambda_h)}{n_h [T_h + P_h(1-T_h)]^2} \quad (2.9)$$

$V(\hat{\pi}_A)$ 的一个无偏估计为:

$$v(\hat{\pi}_A) = \sum_{h=1}^{L} W_h^2 \frac{\hat{\lambda}_h(1-\hat{\lambda}_h)}{(n_h-1)[T_h + P_h(1-T_h)]^2}$$

当每层单位抽样费用相等时,可得各层样本量的最优分配公式:

$$\frac{n_h}{n} = \frac{\dfrac{W_h \sqrt{\lambda_h(1-\lambda_h)}}{T_h + P_h(1-T_h)}}{\displaystyle\sum_{h=1}^{L} \dfrac{W_h \sqrt{\lambda_h(1-\lambda_h)}}{T_h + P_h(1-T_h)}}$$

此时 $\hat{\pi}_A$ 的最小方差近似为:

$$V(\hat{\pi}_A) = \frac{1}{n} \left[\sum_{h=1}^{L} \frac{W_h \sqrt{\lambda_h(1-\lambda_h)}}{T_h + P_h(1-T_h)} \right]^2$$

(2) 第 h 层非敏感性特征人数比例 π_{Bh} 未知的情形。

此时需要两个样本,每个样本中随机化装置的实施过程同上,则有:

$$\lambda_{h1} = [T_{h1} + P_{h1}(1-T_{h1})]\pi_{Ah} + (1-T_{h1})(1-P_{h1})\pi_{Bh}$$

$$\lambda_{h2} = [T_{h2} + P_{h2}(1-T_{h2})]\pi_{Ah} + (1-T_{h2})(1-P_{h2})\pi_{Bh}$$

这里 λ_{h1} 和 λ_{h2} 分别为第一个和第二个样本中 h 层回答"是"的比例。

π_{Ah} 的无偏估计为:

$$\hat{\pi}_{Ah} = \frac{\hat{\lambda}_{h1}(1-T_{h2})(1-P_{h2}) - \hat{\lambda}_{h2}(1-T_{h1})(1-P_{h1})}{(P_{h1}-P_{h2})(T_{h1}-T_{h2})}, \quad P_{h1} \neq P_{h2}, \quad T_{h1} \neq T_{h2}$$

$\hat{\pi}_{Ah}$ 的方差为:

$$V(\hat{\pi}_{Ah}) = \frac{(1-P_{h2})(1-T_{h2})\dfrac{\sqrt{\lambda_{h1}(1-\lambda_{h1})}}{T_{h1}^*} + (1-P_{h1})(1-T_{h1})\dfrac{\sqrt{\lambda_{h2}(1-\lambda_{h2})}}{T_{h2}^*}}{n_h(P_{h1}-P_{h2})^2(T_{h1}-T_{h2})^2}$$

其中 $T_{h1}^* = T_{h1} + P_{h1}(1-T_{h1})$,$T_{h2}^* = T_{h2} + P_{h2}(1-T_{h2})$。

于是 π_A 的无偏估计为:

$$\hat{\pi}_A = \sum_{h=1}^{L} W_h \hat{\pi}_{Ah} = \sum_{h=1}^{L} W_h \frac{\hat{\lambda}_{h1}(1-T_{h2})(1-P_{h2}) - \hat{\lambda}_{h2}(1-T_{h1})(1-P_{h1})}{(P_{h1}-P_{h2})(T_{h1}-T_{h2})}$$

$\hat{\pi}_A$ 的方差为:

$$V(\hat{\pi}_A) = \sum_{h=1}^{L} W_h^2 V(\hat{\pi}_{Ah})$$

$$= \sum_{h=1}^{L} W_h^2 \frac{(1-P_{h2})(1-T_{h2})\dfrac{\sqrt{\lambda_{h1}(1-\lambda_{h1})}}{T_{h1}^*} + (1-P_{h1})(1-T_{h1})\dfrac{\sqrt{\lambda_{h2}(1-\lambda_{h2})}}{T_{h2}^*}}{n_h(P_{h1}-P_{h2})^2(T_{h1}-T_{h2})^2}$$

$$(2.10)$$

$V(\hat{\pi}_A)$ 的一个无偏估计为:

$$v(\hat{\pi}_A) = \sum_{h=1}^{L} W_h^2 \frac{(1-P_{h2})(1-T_{h2})\dfrac{\sqrt{\hat{\lambda}_{h1}(1-\hat{\lambda}_{h1})}}{T_{h1}^*} + (1-P_{h1})(1-T_{h1})\dfrac{\sqrt{\hat{\lambda}_{h2}(1-\hat{\lambda}_{h2})}}{T_{h2}^*}}{(n_h-1)(P_{h1}-P_{h2})^2(T_{h1}-T_{h2})^2}$$

当每层单位抽样费用相等时,可得各层样本量的最优分配公式:

$$\frac{n_h}{n} = \frac{W_h \dfrac{(1-P_{h2})(1-T_{h2})\dfrac{\sqrt{\lambda_{h1}(1-\lambda_{h1})}}{T_{h1}^*} + (1-P_{h1})(1-T_{h1})\dfrac{\sqrt{\lambda_{h2}(1-\lambda_{h2})}}{T_{h2}^*}}{(P_{h1}-P_{h2})(T_{h1}-T_{h2})}}{\sum\limits_{h=1}^{L} W_h \dfrac{(1-P_{h2})(1-T_{h2})\dfrac{\sqrt{\lambda_{h1}(1-\lambda_{h1})}}{T_{h1}^*} + (1-P_{h1})(1-T_{h1})\dfrac{\sqrt{\lambda_{h2}(1-\lambda_{h2})}}{T_{h2}^*}}{(P_{h1}-P_{h2})(T_{h1}-T_{h2})}}$$

此时 $\hat{\pi}_A$ 的最小方差近似为:

$$V(\hat{\pi}_A) = \frac{1}{n}\left[\sum_{h=1}^{L} W_h \frac{(1-P_{h2})(1-T_{h2})\dfrac{\sqrt{\lambda_{h1}(1-\lambda_{h1})}}{T_{h1}^*} + (1-P_{h1})(1-T_{h1})\dfrac{\sqrt{\lambda_{h2}(1-\lambda_{h2})}}{T_{h2}^*}}{(P_{h1}-P_{h2})(T_{h1}-T_{h2})}\right]^2$$

2.1.11　整群抽样下的随机化回答模型

（1）群大小相等情形。

设总体群数为 N，群的大小为 M，简单随机抽样抽取 n 个群，以 $A_i(a_i)$、$\pi_{Ai}(\hat{\pi}_{Ai})$ 分别记总体（样本）中第 i 个群具有敏感性特征 A 的人数及其比例。则总体比例 π_A 的近似无偏估计量为：

$$\hat{\pi}_A = \frac{1}{n} \sum_{i=1}^{n} \hat{\pi}_{Ai}$$

$$= \frac{1}{nM} \sum_{i=1}^{n} a_i$$

其方差为：

$$V(\hat{\pi}_A) = \frac{1-f}{n} \frac{\sum_{i=1}^{N} (\pi_{Ai} - \pi_A)^2}{N-1} \tag{2.11}$$

而对于第 i 个群中任意一个被调查者，回答为“是”的概率为：

$$P(\text{是}) = p\pi_{Ai} + (1-p)\pi_{Bi}$$

则：

$$\pi_{Ai} = \frac{P(\text{是}) - (1-p)\pi_{Bi}}{p}$$

设第 i 个群 M 个被调查者中有 m 个回答“是”，则 π_{Ai} 的一个无偏估计为：

$$\hat{\pi}_{Ai} = \frac{\dfrac{m}{M} - (1-p)\pi_{Bi}}{p}$$

$V(\hat{\pi}_A)$ 的估计可用：

$$v(\hat{\pi}_A) = \frac{1-f}{n} \frac{1}{n-1} (\hat{\pi}_{Ai} - \hat{\pi}_A)^2$$

（2）群大小不等情形。

设总体群数为 N，群的大小为 M_i，简单随机抽样抽取 n 个群，以 $A_i(a_i)$、$\pi_{Ai}(\hat{\pi}_{Ai})$ 分别记总体（样本）第 i 个群具有敏感性特征 A 的人数及其比例。则当 n 大时，总体比例的近似无偏估计量为：

$$\hat{\pi}_A = \frac{\sum\limits_{i=1}^{n} a_i}{\sum\limits_{i=1}^{n} M_i}$$

其近似方差为：

$$V(\hat{\pi}_A) = \frac{1-f}{n\bar{M}^2} \frac{\sum\limits_{i=1}^{N} M_i^2 (\pi_{Ai} - \pi_A)^2}{N-1} \tag{2.12}$$

其中 $\bar{M} = \frac{1}{N}\sum\limits_{i=1}^{N} M_i$ 是总体群的平均大小。

而对于第 i 个群中任意一个被调查者，回答为"是"的概率为：

$$P(是) = p\pi_{Ai} + (1-p)\pi_{Bi}$$

则：

$$\pi_{Ai} = \frac{P(是) - (1-p)\pi_{Bi}}{p}$$

设第 i 个群 M_i 个被调查者中有 m_i 个回答"是"，则 π_{Ai} 的一个无偏估计为：

$$\hat{\pi}_{Ai} = \frac{\dfrac{m_i}{M_i} - (1-p)\pi_{Bi}}{p}$$

$V(\hat{\pi}_A)$ 的估计可用：

$$v(\hat{\pi}_{Ah}) = \frac{1-f}{n\bar{M}^2}\frac{1}{n-1}\left(\sum\limits_{i=1}^{n} a_i^2 + \pi_A^2 \sum\limits_{i=1}^{n_h} M_i^2 - 2\hat{\pi}_A \sum\limits_{i=1}^{n_h} a_i M_i \right)$$

2.2 用于定量敏感性问题的经典随机化回答技术

2.2.1 Greenberg 模型

该模型直接来源于定性的无关问题模型，其操作与 Simmons 模型一样，被

调查者以概率 p 回答敏感性问题，以概率 $1 - p$ 回答非敏感性问题。不管回答的是哪个问题，调查结果都用变量 Z 表示，令 X 为敏感性特征变量，Y 是从已知的非敏感性特征变量的分布中产生的随机值，假设 X 和 Y 相互独立，则：

$$Z = pX + (1 - p)Y$$

$$EZ = pEX + (1 - p)EY$$

设从总体中有放回地抽取容量为 n 的简单随机样本，记获得的调查数据为 z_1，$\cdots$，z_n，且 $\bar{z} = \dfrac{1}{n}\sum\limits_{i=1}^{n} z_i$，则 EX 的一个无偏估计为：

$$\hat{\mu} = \frac{1}{p}\left[\bar{z} - (1 - p)EY\right]$$

其方差为：

$$V(\hat{\mu}) = \frac{1}{np^2}\left\{V(X) + (1 - p)\left[V(Y) - V(X)\right] + p(1 - p)(EY - EX)^2\right\}$$

$$(2.13)$$

为了提高精度，一般选择 Y 使得 $V(Y) = V(X)$ 和 $EY = EX$，当然这里 EX 和 $V(X)$ 是不知道的，只是根据以往的信息得到的一个估计值。

2.2.2　加法模型

加法模型由 Himmelfarb 等人（1980）提出。在加法模型中，被调查者给出的回答是敏感性特征的值和非敏感性特征的值之和，其目的是用无关的随机数据来干扰真实的数据，使得调查者无法知晓敏感性特征的真实值，从而消除被调查者的顾虑。采用上面的记号，记调查结果为 $Z = X + Y$，则 $EZ = EX + EY$。

设从总体中有放回地抽取容量为 n 的简单随机样本，记获得的调查数据为 z_1，$\cdots$，z_n，且 $\bar{z} = \dfrac{1}{n}\sum\limits_{i=1}^{n} z_i$，则 EX 的一个无偏估计为：

$$\hat{\mu} = \bar{z} - EY$$

其方差为：

$$V(\hat{\mu}) = \frac{1}{n}\left[V(X) + V(Y)\right] \qquad (2.14)$$

加法模型中 EY 和 $V(Y)$ 的选取和 Greenberg 模型一样，即选择 Y 使得 $V(Y) = V(X)$ 和 $EY = EX$。

当 $p \leqslant 0.7$ 时，加法模型精度更高。而一般情况下 $p \leqslant 0.7$ 是成立的，否则被调查者不愿意合作。因此，加法模型优于 Greenberg 模型。

2.2.3 乘法模型

乘法模型由 Eichhorn 和 Hayre（1983）提出。乘法模型与加法模型类似，所不同的只是被调查者给出的回答是敏感性特征的值和非敏感性特征的值之积，即 $Z = XY$，则 $EZ = EXEY$。

设从总体中有放回地抽取容量为 n 的简单随机样本，记获得的调查数据为 z_1，$\cdots$，z_n，且 $\bar{z} = \frac{1}{n} \sum_{i=1}^{n} z_i$，则 EX 的一个无偏估计为：

$$\hat{\mu} = \frac{\bar{z}}{EY}$$

其方差为：

$$V(\hat{\mu}) = \frac{1}{n} \left[V(X) + \frac{E^2 X + V(X)}{E^2 Y} V(Y) \right] \tag{2.15}$$

因此，当 $EY > \sqrt{E^2 X + V(X)}$ 时，乘法模型精度比加法模型高。

从上述讨论还可看出，加法模型估计量的方差只取决于 $V(X)$ 和 $V(Y)$，而另外两个模型（Greenberg 模型和乘法模型）的方差则取决于 EX 和 EY。

2.2.4 Gupta 模型

很多时候，对于同一个问题，有的人认为敏感而有的人并不觉得敏感。例如对于最低工资问题，那些最低工资水平低于当地最低工资标准的用人单位会认为是敏感性问题，而那些最低工资水平高于当地最低工资标准的用人单位则并不认为这是什么敏感性问题。

由于这个原因，Gupta（2002）等人觉得可以让不认为问题敏感的人直接回答，而那些认为问题敏感的人可以用无关的随机数据来掩饰，于是在乘法模型的基础上引入敏感性水平 w，即被调查者中认为问题敏感的比例，该值未知，也需要通过样本估计，记调查结果为：

$$Z = \begin{cases} X, 1-w \\ XY, w \end{cases}$$

调查过程中调查者并不知道被调查者直接回答与否，而且由于有一部分人直接回答，该模型的精度比乘法模型高。近来有很多学者对这一类模型进行研究。

3 改进的随机化回答技术

在定性敏感性问题调查中，Simmons 模型应用较为广泛，而在定量敏感性问题调查中，加法模型和乘法模型应用最多，本章在这些模型的基础上进行改进，得到了精度更高的模型。

3.1 用于定性敏感性问题的改进随机化回答技术

3.1.1 改进的 Simmons 模型

本模型介于直接提问模型和 Simmons 模型之间，其估计量是直接提问模型和 Simmons 模型的加权平均。

设特征 A 是敏感性特征，特征 B 是与 A 不相关的非敏感性特征，总体中具有特征 A 的比例为 π_A，它是未知且需要估计的，而具有特征 B 的比例为 π_B。

1. π_B 已知

准备一套卡片，有红蓝两色，红色卡片出现的概率为 $q + p(1 - q)$，上面写"你有敏感性特征 A 吗?"；蓝色卡片出现的概率为 $(1 - q)(1 - p)$，上面写"你有特征 B 吗?"。

（1）放回简单随机抽样。考虑一个放回简单随机样本，让 n 个被调查者从中随机抽取一张卡片并回答卡片上的问题。于是对任意一个被调查者，回答为"是"的概率为：

$$P(是) = [q + p(1 - q)]\pi_A + (1 - q)(1 - p)\pi_B$$

则：

$$\pi_A = \frac{P(是) - (1-q)(1-p)\pi_B}{q + p(1-q)}$$

设样本中回答"是"的人数为 m，则 $m \sim \text{Binomial}(n, P(是))$，于是 $P(是)$ 的一个估计为 $\frac{m}{n}$，从而 π_A 的一个估计为：

$$\hat{\pi}_A = \frac{\frac{m}{n} - (1-q)(1-p)\pi_B}{q + p(1-q)}$$

由于 $E(m) = n \cdot P(是), V(m) = n \cdot P(是)[1 - P(是)]$，因而 $E(\hat{\pi}_A) = \pi_A$，即 $\hat{\pi}_A$ 是 π_A 的无偏估计量，且

$$\begin{aligned}
V(\hat{\pi}_A) &= \frac{1}{[q + p(1-q)]^2} V\left(\frac{m}{n}\right) \\
&= \frac{P(是)[1 - P(是)]}{n[q + p(1-q)]^2} \\
&= \frac{\pi_A(1-\pi_A)}{n} + \frac{[(1-q)(1-p)]^2\pi_B(1-\pi_B)}{n[q+p(1-q)]^2} + \\
&\quad \frac{(1-q)(1-p)(\pi_A + \pi_B - 2\pi_A\pi_B)}{n[q+p(1-q)]}
\end{aligned} \tag{3.1}$$

$V(\hat{\pi}_A)$ 的一个无偏估计为：

$$v(\hat{\pi}_A) = \frac{\frac{m}{n}\left(1 - \frac{m}{n}\right)}{(n-1)[q + p(1-q)]^2}$$

比较式（3.1）和式（2.2）可知，当 $0 < q < 1$ 时，由于

$$(1-q)(1-p) < 1-p$$
$$q + p(1-q) > p$$
$$\frac{[(1-q)(1-p)]^2\pi_B(1-\pi_B)}{n[q+p(1-q)]^2} < \frac{(1-p)^2\pi_B(1-\pi_B)}{np^2}$$
$$\frac{(1-q)(1-p)(\pi_A + \pi_B - 2\pi_A\pi_B)}{n[q+p(1-q)]} < \frac{(1-p)(\pi_A + \pi_B - 2\pi_A\pi_B)}{np}$$

因而，当 $0 < q < 1$ 时，本模型比 Simmons 模型的精度更高。

（2）不放回简单随机抽样，即

$$\hat{\pi}_A = \frac{\dfrac{m}{n} - (1 - q)(1 - p)\pi_B}{q + p(1 - q)}$$

仍然是 π_A 的无偏估计量，且其方差为：

$$V(\hat{\pi}_A) = \frac{1}{[q + p(1 - q)]^2} V\left(\frac{m}{n}\right)$$

$$= \frac{N - n}{N - 1} \frac{P(是)[1 - P(是)]}{n[q + p(1 - q)]^2}$$

$$= \frac{N - n}{N - 1} \left\{ \frac{\pi_A(1 - \pi_A)}{n} + \frac{[(1 - q)(1 - p)]^2 \pi_B(1 - \pi_B)}{n[q + p(1 - q)]^2} + \right.$$

$$\left. \frac{(1 - q)(1 - p)(\pi_A + \pi_B - 2\pi_A\pi_B)}{n[q + p(1 - q)]} \right\}$$

$V(\hat{\pi}_A)$ 的一个无偏估计为：

$$v(\hat{\pi}_A) = \frac{N - n}{N} \frac{\dfrac{m}{n}\left(1 - \dfrac{m}{n}\right)}{(n - 1)[q + p(1 - q)]^2}$$

2. π_B 未知

（1）放回简单随机抽样。从总体中以放回简单随机抽样方法抽取两个独立的样本 s_1 和 s_2，其样本容量分别为 n_1 和 n_2，$n = n_1 + n_2$，并准备一套卡片，有红蓝两色，红色卡片出现的概率为 $q + p(1 - q)$，上面写"你有敏感性特征 A 吗？"；蓝色卡片出现的概率为 $(1 - q)(1 - p)$，上面写"你没有特征 B，是吗？"。样本 s_1 对应问卷与前相同，而样本 s_2 从这套卡片中随机抽取一张卡片并回答卡上的问题。于是对第一个样本中的任意一个被调查者，回答为"是"的概率为：

$$P_1 = [q + p(1 - q)]\pi_A + (1 - q)(1 - p)\pi_B$$

第二个样本中的任意一个被调查者回答为"是"的概率为：

$$P_2 = [q + p(1 - q)]\pi_A + (1 - q)(1 - p)(1 - \pi_B)$$

则：

$$\pi_A = \frac{P_1 + P_2 - (1-q)(1-p)}{2[q + p(1-q)]}$$

设两个样本中回答"是"的人数分别为 m_1 和 m_2 ，则 $m_1 \sim \mathrm{Binomial}(n, P_1)$ ， $m_2 \sim \mathrm{Binomial}(n, P_2)$ ，从而 π_A 的一个无偏估计为：

$$\hat{\pi}_A = \frac{\dfrac{m_1}{n_1} + \dfrac{m_2}{n_2} - (1-q)(1-p)}{2[q + p(1-q)]}$$

其方差为：

$$V(\hat{\pi}_A) = \frac{1}{4[q+p(1-q)]^2}\left[V\left(\frac{m_1}{n_1}\right) + V\left(\frac{m_2}{n_2}\right)\right]$$

$$= \frac{1}{4[q+p(1-q)]^2}\left[\frac{P_1(1-P_1)}{n_1} + \frac{P_2(1-P_2)}{n_2}\right]$$

$V(\hat{\pi}_A)$ 的一个无偏估计为：

$$v(\hat{\pi}_A) = \frac{1}{4[q+p(1-q)]^2}\left[\frac{\dfrac{m_1}{n_1}\left(1-\dfrac{m_1}{n_1}\right)}{n_1-1} + \frac{\dfrac{m_2}{n_2}\left(1-\dfrac{m_2}{n_2}\right)}{n_2-1}\right]$$

（2）不放回简单随机抽样，即

$$\hat{\pi}_A = \frac{\dfrac{m_1}{n_1} + \dfrac{m_2}{n_2} - (1-q)(1-p)}{2[q + p(1-q)]}$$

仍然是 π_A 的无偏估计量，且其方差为：

$$V(\hat{\pi}_A) = \frac{1}{4[q+p(1-q)]^2}\left[V\left(\frac{m_1}{n_1}\right) + V\left(\frac{m_2}{n_2}\right)\right]$$

$$= \frac{N-n}{N-1}\frac{1}{4[q+p(1-q)]^2}\left[\frac{P_1(1-P_1)}{n_1} + \frac{P_2(1-P_2)}{n_2}\right]$$

$V(\hat{\pi}_A)$ 的一个无偏估计为：

$$v(\hat{\pi}_A) = \frac{N-n}{N}\frac{1}{4[q+p(1-q)]^2}\left[\frac{\dfrac{m_1}{n_1}\left(1-\dfrac{m_1}{n_1}\right)}{n_1-1} + \frac{\dfrac{m_2}{n_2}\left(1-\dfrac{m_2}{n_2}\right)}{n_2-1}\right]$$

由于本模型介于直接提问模型和 Simmons 模型之间，提高了敏感性信息的含量，其估计量的精度比 Simmons 模型高。当 $q = 1$ 时，该模型等同于直接提问模型。当 $q = 0$ 时，该模型等同于 Simmons 模型。

3.1.2 改进的 Simmons 模型的简化模型

此模型是上一个模型的简化，其操作比上一个模型简便。

设特征 A 是敏感性特征，特征 B 是与 A 不相关的非敏感性特征，总体中具有特征 A 的比例 π_A 是未知且需要估计的，具有特征 B 的比例为 π_B。

1. π_B 已知

（1）放回简单随机抽样。从总体中以放回简单随机抽样方法抽取一个样本量为 n 的样本回答下述问卷："你有敏感性特征 A 吗？如果有，请回答'是'，否则请回答是否具有特征 B，你的回答是（　　）。"于是对任意一个被调查者，回答为"是"的概率为：

$$P(是) = \pi_A + (1 - \pi_A)\pi_B$$

则：

$$\pi_A = \frac{P(是) - \pi_B}{1 - \pi_B}$$

设样本中回答"是"的人数为 m，则 $m \sim \text{Binomial}(n, P(是))$，于是 $P(是)$ 的最大似然估计为 $\frac{m}{n}$，从而 π_A 的最大似然估计为：

$$\hat{\pi}_A = \frac{\frac{m}{n} - \pi_B}{1 - \pi_B}$$

由于 $E(m) = n \cdot P(是)$，$V(m) = n \cdot P(是)[1 - P(是)]$，因而 $E(\hat{\pi}_A) = \pi_A$，即 $\hat{\pi}_A$ 是 π_A 的无偏估计量，且

$$V(\hat{\pi}_A) = \frac{1}{(1-\pi_B)^2}V\left(\frac{m}{n}\right)$$

$$= \frac{P(\text{是})[1-P(\text{是})]}{n(1-\pi_B)^2}$$

$$= \frac{\pi_A(1-\pi_A)}{n} + \frac{\pi_B(1-\pi_A)}{n(1-\pi_B)} \tag{3.2}$$

$V(\hat{\pi}_A)$ 的一个无偏估计为：

$$v(\hat{\pi}_A) = \frac{\frac{m}{n}\left(1-\frac{m}{n}\right)}{(n-1)(1-\pi_B)^2}$$

$$= \frac{\hat{\pi}_A(1-\hat{\pi}_A)}{n-1} + \frac{\pi_B(1-\hat{\pi}_A)}{(n-1)(1-\pi_B)}$$

（2）不放回简单随机抽样，即

$$\hat{\pi}_A = \frac{\frac{m}{n}-\pi_B}{1-\pi_B}$$

仍然是 π_A 的无偏估计量，且其方差为：

$$V(\hat{\pi}_A) = \frac{1}{(1-\pi_B)^2}V\left(\frac{m}{n}\right)$$

$$= \frac{N-n}{N-1}\frac{P(\text{是})[1-P(\text{是})]}{n(1-\pi_B)^2}$$

$$= \frac{N-n}{N-1}\left[\frac{\pi_A(1-\pi_A)}{n} + \frac{\pi_B(1-\pi_A)}{n(1-\pi_B)}\right]$$

$V(\hat{\pi}_A)$ 的一个无偏估计为：

$$v(\hat{\pi}_A) = \frac{N-n}{N}\frac{\frac{m}{n}\left(1-\frac{m}{n}\right)}{(n-1)(1-\pi_B)^2}$$

$$= \frac{N-n}{N}\left[\frac{\hat{\pi}_A(1-\hat{\pi}_A)}{n-1} + \frac{\pi_B(1-\hat{\pi}_A)}{(n-1)(1-\pi_B)}\right]$$

2. π_B 未知

（1）放回简单随机抽样。从总体中以放回简单随机抽样方法抽取两个独

立的样本 s_1 和 s_2 ，其样本容量分别为 n_1 和 n_2 ，$n = n_1 + n_2$ ，样本 s_1 对应问卷与前相同，而样本 s_2 对应问卷："你有敏感性特征 A 吗？如果有，请回答'是'，否则请回答是否没有特征 B ，你的回答是（　　）。"

于是对第一个样本中的任意一个被调查者，回答为"是"的概率为：

$$P_1 = \pi_A + (1 - \pi_A)\pi_B$$

对于第二个样本中的任意一个被调查者，回答为"是"的概率为：

$$P_2 = \pi_A + (1 - \pi_A)(1 - \pi_B)$$

则：

$$\pi_A = P_1 + P_2 - 1$$

设两个样本中回答"是"的人数分别为 m_1 和 m_2 ，则 $m_1 \sim \text{Binomial}(n, P_1)$ ，$m_2 \sim \text{Binomial}(n, P_2)$ ，从而 π_A 的一个无偏估计为：

$$\hat{\pi}_A = \frac{m_1}{n_1} + \frac{m_2}{n_2} - 1$$

其方差为：

$$V(\hat{\pi}_A) = V\left(\frac{m_1}{n_1}\right) + V\left(\frac{m_2}{n_2}\right)$$

$$= \frac{P_1(1 - P_1)}{n_1} + \frac{P_2(1 - P_2)}{n_2}$$

$V(\hat{\pi}_A)$ 的一个无偏估计为：

$$v(\hat{\pi}_A) = \frac{\frac{m_1}{n_1}\left(1 - \frac{m_1}{n_1}\right)}{n_1 - 1} + \frac{\frac{m_2}{n_2}\left(1 - \frac{m_2}{n_2}\right)}{n_2 - 1}$$

（2）不放回简单随机抽样，即

$$\hat{\pi}_A = \frac{m_1}{n_1} + \frac{m_2}{n_2} - 1$$

仍然是 π_A 的无偏估计量，且其方差为：

$$V(\hat{\pi}_A) = V\left(\frac{m_1}{n_1}\right) + V\left(\frac{m_2}{n_2}\right)$$

$$= \frac{N - n}{N - 1}\left[\frac{P_1(1 - P_1)}{n_1} + \frac{P_2(1 - P_2)}{n_2}\right]$$

$V(\hat{\pi}_A)$ 的一个无偏估计为：

$$v(\hat{\pi}_A) = \frac{N-n}{N}\left[\frac{\frac{m_1}{n_1}\left(1-\frac{m_1}{n_1}\right)}{n_1-1} + \frac{\frac{m_2}{n_2}\left(1-\frac{m_2}{n_2}\right)}{n_2-1}\right]$$

3.2　用于定量敏感性问题的改进随机化回答技术

3.2.1　改进的加法模型

此模型在加法模型的基础上进行了改进，其精度比加法模型高。

设 X 为敏感性随机变量，其均值为 EX，方差为 $V(X)$，Y 为无关的非敏感性随机变量，其均值为 EY，方差为 $V(Y)$，X 和 Y 相互独立。

1. EY 已知

（1）放回简单随机抽样。从总体中以放回简单随机抽样方法抽取一个样本量为 n 的样本，回答 $kX+Y+K$（其中 k 为大于 1 的常数，K 为一个很大的常数）的取值，记：

$$Z = kX + Y + K$$

于是有 $EZ = kEX + EY + K$，即

$$EX = \frac{EZ - EY - K}{k}$$

记获得的调查数据为 z_1，$\cdots$，z_n，且

$$\bar{z} = \frac{1}{n}\sum_{i=1}^{n}z_i$$

$$s_z^2 = \frac{1}{n-1}\sum_{i=1}^{n}(z_i - \bar{z})^2$$

则 EX 的一个无偏估计为：

$$\hat{\mu} = \frac{\bar{z} - EY - K}{k}$$

其方差为：

$$V(\hat{\mu}) = \frac{V(Z)}{nk^2}$$

其中：

$$\begin{aligned} V(Z) &= V(kX + Y) \\ &= V(kX) + V(Y) \\ &= k^2 V(X) + V(Y) \end{aligned}$$

所以：

$$\begin{aligned} V(\hat{\mu}) &= \frac{V(Z)}{nk^2} \\ &= \frac{1}{nk^2} [k^2 V(X) + V(Y)] \\ &= \frac{1}{n} \Big[V(X) + \frac{V(Y)}{k^2} \Big] \end{aligned} \tag{3.3}$$

$V(\hat{\mu})$ 的一个无偏估计为：

$$v(\hat{\mu}) = \frac{s_z^2}{nk^2}$$

（2）不放回简单随机抽样，即

$$\hat{\mu} = \frac{\bar{z} - EY - K}{k}$$

仍然是 EX 的无偏估计量，且其方差为：

$$\begin{aligned} V(\hat{\mu}) &= \frac{N - n}{N - 1} \frac{V(Z)}{nk^2} \\ &= \frac{N - n}{N - 1} \frac{1}{nk^2} [k^2 V(X) + V(Y)] \\ &= \frac{N - n}{N - 1} \frac{1}{n} \Big[V(X) + \frac{V(Y)}{k^2} \Big] \end{aligned}$$

$V(EX)$ 的一个无偏估计为：

$$v(\hat{\mu}) = \frac{N - n}{N} \frac{s_z^2}{nk^2}$$

2. EY 未知

（1）放回简单随机抽样。从总体中以放回简单随机抽样方法抽取两个独立的样本 s_1 和 s_2 ，其样本容量分别为 n_1 和 n_2 ，$n = n_1 + n_2$ 。样本 s_1 回答 $kX + Y + K$ 的取值，而样本 s_2 回答非敏感性问题 Y 的取值。对第一个样本，记：

$$Z = kX + Y + K$$

于是有 $EZ = kEX + EY + K$ ，即

$$EX = \frac{EZ - EY - K}{k}$$

记获得的调查数据为 z_1 ，$\cdots$ ，z_{n_1} ，且

$$\bar{z} = \frac{1}{n_1} \sum_{i=1}^{n_1} z_i$$

$$s_z^2 = \frac{1}{n_1 - 1} \sum_{i=1}^{n_1} (z_i - \bar{z})^2$$

对第二个样本，记获得的调查数据为 y_1 ，$\cdots$ ，y_{n_2} ，且

$$\bar{y} = \frac{1}{n_2} \sum_{i=1}^{n_2} y_i$$

$$s_y^2 = \frac{1}{n_2 - 1} \sum_{i=1}^{n_2} (y_i - \bar{y})^2$$

则 EX 的一个无偏估计为：

$$\hat{\mu} = \frac{\bar{z} - \bar{y} - K}{k}$$

其方差为：

$$V(\hat{\mu}) = \frac{1}{k^2} \left[V(\bar{z}) + V(\bar{y}) \right]$$

$$= \frac{1}{k^2} \left[\frac{V(Z)}{n_1} + \frac{V(Y)}{n_2} \right]$$

$$= \frac{1}{k^2} \left[\frac{k^2 V(X) + V(Y)}{n_1} + \frac{V(Y)}{n_2} \right]$$

$$= \frac{V(X) + \frac{V(Y)}{k^2}}{n_1} + \frac{V(Y)}{n_2 k^2}$$

$V(\hat{\mu})$ 的一个无偏估计为：

$$v(\hat{\mu}) = \frac{1}{k^2}\left[\frac{s_z^2}{n_1} + \frac{s_y^2}{n_2}\right]$$

（2）不放回简单随机抽样，即

$$\hat{\mu} = \frac{\bar{z} - \bar{y} - K}{k}$$

仍然是 EX 的无偏估计量，且其方差为：

$$V(\hat{\mu}) = \frac{1}{k^2}\left[V(\bar{z}) + V(\bar{y})\right]$$

$$= \frac{N-n}{N-1}\frac{1}{k^2}\left[\frac{V(Z)}{n_1} + \frac{V(Y)}{n_2}\right]$$

$$= \frac{N-n}{N-1}\frac{1}{k^2}\left[\frac{k^2V(X) + V(Y)}{n_1} + \frac{V(Y)}{n_2}\right]$$

$$= \frac{N-n}{N-1}\left[\frac{V(X) + \dfrac{V(Y)}{k^2}}{n_1} + \frac{V(Y)}{n_2 k^2}\right]$$

$V(\hat{\mu})$ 的一个无偏估计为：

$$v(\hat{\mu}) = \frac{N-n}{N}\left[\frac{s_z^2}{n_1} + \frac{s_y^2}{n_2}\right]$$

比较式（2.14）和式（3.3）可知，本模型比加法模型的方差小，且 k 越大，精度越高。这里，不加上常数 K 也能得到同样的精度，但是不加的话，相对于 kX ，Y 看上去比较小，被调查者可能认为在复合变量 Z 中，敏感性随机变量 kX 占很大比重，这样，可能会有意压低敏感性随机变量 X 的取值。

在实际运用中，此改进模型不仅使估计量更有效，而且操作简便，又对被调查者的隐私有一定的保护，所以此改进模型是一种比较理想的调查模型。

3.2.2　改进的乘法模型

此模型在乘法模型的基础上进行了改进，其精度比乘法模型高。

在乘法模型中，所有回答都引入了与调查问题无关的变量，造成估计量的方差较大，为提高估计量的精度，我们提出一个新方法，使无关变量仅以一定的概率影响被调查者的回答。

设 X 为敏感性随机变量，Y 为与 X 独立的非敏感性随机变量，其均值为 EY，方差为 $V(Y)$。估计目标量为 EX。

1. EY 已知

（1）放回简单随机抽样。其基本操作是：设计一套卡片，有红蓝两种颜色，红色卡片出现的概率为 p，蓝色卡片出现的概率为 $1 - p$，放入同一盒子中。被调查者从中随机抽取一张卡片，若抽到红色卡片，则回答 XEY；若抽到蓝色卡片，则回答 XY。被调查者完全背对调查者，不让其知晓抽到的是哪种颜色的卡片。即仅有 $1 - p$ 的概率引入非敏感性随机变量 Y，不管被调查者回答的是哪个问题，调查结果都用变量 Z 表示，即

$$Z = \begin{cases} XEY, & p \\ XY, & 1 - p \end{cases}$$

于是有：

$$\begin{aligned} EZ &= pE(XEY) + (1 - p)EXY \\ &= pEXEY + (1 - p)EXEY \\ &= EXEY \end{aligned}$$

因而，$EX = \dfrac{EZ}{EY}$。

从总体中以放回简单随机抽样方法抽取一个样本量为 n 的样本，记获得的调查数据为 $z_1, \cdots, z_n$，且

$$\bar{z} = \frac{1}{n} \sum_{i=1}^{n} z_i$$

$$s_z^2 = \frac{1}{n - 1} \sum_{i=1}^{n} (z_i - \bar{z})^2$$

则 EX 的一个无偏估计为：

$$\hat{\mu} = \frac{\bar{z}}{EY}$$

其方差为：

$$V(\hat{\mu}) = \frac{V(Z)}{n(EY)^2}$$

其中：

$$
\begin{aligned}
V(Z) &= EZ^2 - (EZ)^2 \\
&= pE(X^2E^2Y) + (1-p)EX^2Y^2 - (EXEY)^2 \\
&= pEX^2E^2Y + (1-p)EX^2EY^2 - E^2XE^2Y
\end{aligned}
$$

$$(3.4)$$

比较式（2.15）和式（3.4）可知，由于

$$pEX^2E^2Y + (1-p)EX^2EY^2 - E^2XE^2Y < EX^2EY^2 - E^2XE^2Y$$

即 $E^2Y < EY^2$ ，则 $V(Y) > 0$ 。

即只要 Y 不是常数（此时等同于直接提问法），本模型比乘法模型的估计精度更高。

$V(\hat{\mu})$ 的一个无偏估计为：

$$v(\hat{\mu}) = \frac{s_z^2}{n(EY)^2}$$

（2）不放回简单随机抽样，即

$$\hat{\mu} = \frac{\bar{z}}{EY}$$

仍然是 EX 的无偏估计量，且其方差为：

$$
\begin{aligned}
V(\hat{\mu}) &= V(\frac{\bar{z}}{EY}) \\
&= \frac{N-n}{N-1}\frac{V(Z)}{n(EY)^2} \\
&= \frac{N-n}{N-1}\frac{pEX^2E^2Y + (1-p)EX^2EY^2 - E^2XE^2Y}{n(EY)^2}
\end{aligned}
$$

$V(\hat{\mu})$ 的一个无偏估计为：

$$v(\hat{\mu}) = \frac{N-n}{N}\frac{s_z^2}{n(EY)^2}$$

2. EY 未知

考虑两个独立的放回简单随机样本 s_1 和 s_2，其样本容量相同，均为 n，样本 s_1 对应的基本操作与前相同，而样本 s_2 回答非敏感性随机变量 Y 的取值。

即第二个样本所采取的装置不是随机化装置，而是直接回答的装置，作用只是为了估计 EY 的大小。

对第一个样本，记：

$$Z = \begin{cases} XEY, & p \\ XY, & 1 - p \end{cases}$$

于是有：

$$\begin{aligned} EZ &= pE(XEY) + (1 - p)EXY \\ &= pEXEY + (1 - p)EXEY \\ &= EXEY \end{aligned}$$

因而，$EX = \dfrac{EZ}{EY}$。

记获得的调查数据为 z_1，$\cdots$，z_n，且

$$\bar{z} = \frac{1}{n} \sum_{i=1}^{n} z_i$$

$$s_z^2 = \frac{1}{n-1} \sum_{i=1}^{n} (z_i - \bar{z})^2$$

对第二个样本，记获得的调查数据为 $y_1, \cdots, y_n$，且

$$\bar{y} = \frac{1}{n} \sum_{i=1}^{n} y_i$$

$$s_y^2 = \frac{1}{n-1} \sum_{i=1}^{n} (y_i - \bar{y})^2$$

则当 n 大时，EX 的一个估计为 $\hat{\mu} = \dfrac{\bar{z}}{\bar{y}}$。该估计量是有偏的，但偏倚几乎处处等于零。证明如下：

$$\frac{\bar{z}}{\bar{y}} - \frac{EZ}{EY} = \frac{\bar{z} - \dfrac{EZ}{EY}\bar{y}}{\bar{y}} \approx \frac{\bar{z} - \dfrac{EZ}{EY}\bar{y}}{EY}$$

这是因为 $\bar{y}$ 几乎处处收敛于 EY。于是有：

$$E\left(\frac{\bar{z}}{\bar{y}} - \frac{EZ}{EY}\right) \approx E\left(\frac{\bar{z} - \frac{EZ}{EY}\bar{y}}{EY}\right)$$

$$= \frac{1}{EY}\left[E(\bar{z}) - \frac{EZ}{EY}E(\bar{y})\right]$$

$$= \frac{1}{EY}\left(EZ - \frac{EZ}{EY}EY\right)$$

$$= 0$$

所以当 n 大时，$E\left(\frac{\bar{z}}{\bar{y}}\right) \approx \frac{EZ}{EY}$。而此时：

$$V(\hat{\mu}) = V\left(\frac{\bar{z}}{\bar{y}}\right)$$

$$\approx MSE\left(\frac{\bar{z}}{\bar{y}}\right)$$

$$= E\left(\frac{\bar{z}}{\bar{y}} - \frac{EZ}{EY}\right)^2$$

$$\approx \frac{1}{E^2Y}E\left(\bar{z} - \frac{EZ}{EY}\bar{y}\right)^2$$

对每个总体单元，令：

$$H_i = Z_i - \frac{EZ}{EY}Y_i , i = 1 , 2 , \cdots , N$$

则：

$$\bar{h} = \bar{Z} - \frac{EZ}{EY}\bar{y}$$

$$\bar{H} = \bar{Z} - \frac{EZ}{EY}\bar{Y}$$

因而：

$$E\left(\bar{z} - \frac{EZ}{EY}\bar{y}\right)^2 = E(\bar{h}^2) = V(\bar{h})$$

$$= \frac{\sum\limits_{i=1}^{N}\left(Z_i - \frac{EZ}{EY}Y_i\right)^2}{nN}$$

即

$$V(\hat{\mu}) = V\left(\frac{\bar{z}}{\bar{y}}\right)$$

$$\approx MSE\left(\frac{\bar{z}}{\bar{y}}\right)$$

$$\approx \frac{1}{E^2 Y} \frac{\sum_{i=1}^{N} \left(Z_i - \frac{EZ}{EY}Y_i\right)^2}{nN}$$

当 n 大时，$V(\hat{\mu})$ 的一个估计为：

$$v(\hat{\mu}) = \frac{1}{\bar{y}^2} \frac{\sum_{i=1}^{N} \left(z_i - \frac{\bar{z}}{\bar{y}}y_i\right)^2}{n(n-1)}$$

该估计量是有偏的，但偏倚几乎处处等于零。

4 用于定性敏感性问题的非随机化回答技术

上述用于敏感性问题调查的随机化回答技术均需要使用一个或一个以上的随机化装置（如小球、卡片、旋转指针等），而且现场抽取现场回答，因此有如下缺点：

（1）需要在现场实施，不方便将随机化装置与问卷结合，而问卷调查是抽样调查中应用最为广泛的一种调查方式。

（2）不易被一般的被调查者理解，必须对调查者进行培训，使之充分理解随机化回答技术的原理，这样才能很好地向被调查者进行解释。

（3）在对调查资料进行核对时，如果发现异常想要再次调查很困难，因为随机化回答本身的特殊性，再来一次随机抽取，被调查者可能会给出不同的答案。

为使操作方便、不受场地的限制以及减少调查费用，本书在原有模型的基础上加以改造利用，提出敏感性问题的问卷调查技术，该方法不需要使用随机化装置，调查者无须亲临现场，实用性较强。

在该方法中，我们用非敏感性问题或敏感性问题替代随机化装置，或在同一个问题中同时询问敏感性问题和非敏感性问题，用无关的随机数据来干扰真实的数据。如果未知数只有一个，即欲估计的目标量，则只需要一个样本，如果还有其他未知数（从实践角度看，这种情况更常见），则需要两个以上样本（有几个未知数就需要几个样本），新增加的样本采取直接回答装置，作用只是为了估计未知数。

此类问卷调查技术我们一共设计出九种，前八种用于二项选择敏感性问题，最后一种用于多项选择敏感性问题。

4.1　同时询问多个问题以去除随机化装置的模型

4.1.1　独立非敏感性问题模型

设特征 A 是敏感性特征，特征 B 是与 A 独立的非敏感性特征，总体中具有特征 A 的比例 π_A 是未知且需要估计的，而具有特征 B 的比例 π_B 在设计时已知。

（1）放回简单随机抽样。从总体中以放回简单随机抽样方法抽取一个样本量为 n 的样本回答下述问卷："如果特征 A 和 B 你都有或都没有，请回答'是'，否则请回答'否'，你的回答是（　）。"

于是对任意一个被调查者，回答为"是"的概率为：

$$P(是) = \pi_A\pi_B + (1 - \pi_A)(1 - \pi_B)$$

因此当 $\pi_B \neq \dfrac{1}{2}$ 时，有：

$$\pi_A = \frac{P(是) + \pi_B - 1}{2\pi_B - 1}$$

设样本中回答"是"的人数为 m，则 $m \sim \text{Binomial}(n, P(是))$，于是 $P(是)$ 的一个估计为 $\dfrac{m}{n}$，从而 π_A 的一个估计为：

$$\hat{\pi}_A = \frac{\dfrac{m}{n} + \pi_B - 1}{2\pi_B - 1}$$

由于 $E(m) = n \cdot P(是)$，$V(m) = n \cdot P(是)[1 - P(是)]$，因而 $E(\hat{\pi}_A) = \pi_A$，即 $\hat{\pi}_A$ 是 π_A 的无偏估计量，且：

$$
\begin{aligned}
V(\hat{\pi}_A) &= \frac{1}{(2\pi_B - 1)^2}V\left(\frac{m}{n}\right) \\
&= \frac{P(是)[1 - P(是)]}{n(2\pi_B - 1)^2} \\
&= \frac{\pi_A(1 - \pi_A)}{n} + \frac{\pi_B(1 - \pi_B)}{n(2\pi_B - 1)^2}
\end{aligned}
\tag{4.1}
$$

$V(\hat{\pi}_A)$ 的一个无偏估计为：

$$v(\hat{\pi}_A) = \frac{\dfrac{m}{n}\left(1 - \dfrac{m}{n}\right)}{(n-1)(2\pi_B - 1)^2}$$

$$= \frac{\hat{\pi}_A(1 - \hat{\pi}_A)}{n-1} + \frac{\pi_B(1 - \pi_B)}{(n-1)(2\pi_B - 1)^2}$$

可以看出，此方法的估计量及其精度与 Warner 模型相同，不过，与 Warner 模型相比，此模型有如下优点：不需要随机化装置，可以降低费用；操作更简便，调查者和被调查者更容易掌握；既可以用于现场调查又可以用于非现场调查。

（2）不放回简单随机抽样，即

$$\hat{\pi}_A = \frac{\dfrac{m}{n} + \pi_B - 1}{2\pi_B - 1}, \ \pi_B \neq \frac{1}{2}$$

仍然是 π_A 的无偏估计量，且其方差为：

$$V(\hat{\pi}_A) = \frac{1}{(2\pi_B - 1)^2} V\left(\frac{m}{n}\right)$$

$$= \frac{N-n}{N-1} \frac{P(\text{是})\left[1 - P(\text{是})\right]}{n(2\pi_B - 1)^2}$$

$$= \frac{N-n}{N-1}\left[\frac{\pi_A(1 - \pi_A)}{n} + \frac{\pi_B(1 - \pi_B)}{n(2\pi_B - 1)^2}\right]$$

$V(\hat{\pi}_A)$ 一个无偏估计为：

$$v(\hat{\pi}_A) = \frac{N-n}{N} \frac{\dfrac{m}{n}\left(1 - \dfrac{m}{n}\right)}{(n-1)(2\pi_B - 1)^2}$$

$$= \frac{N-n}{N}\left[\frac{\hat{\pi}_A(1 - \hat{\pi}_A)}{n-1} + \frac{\pi_B(1 - \pi_B)}{(n-1)(2\pi_B - 1)^2}\right]$$

4.1.2　改进的独立非敏感性问题模型

一般情况下，本模型的精度高于上一个模型。

设特征 A 是敏感性特征，特征 B 是与 A 独立的非敏感性特征，总体中具有特征 A 的比例 π_A 是未知且需要估计的，而具有特征 B 的比例 π_B 在设计时已知。

（1）放回简单随机抽样。从总体中以放回简单随机抽样方法抽取一个样本量为 n 的样本回答下述问卷："如果你既没有特征 A 也没有特征 B，请回答'是'，否则请回答'否'，你的回答是（　　）。"

于是对任意一个被调查者，回答为"是"的概率为：

$$P(\text{是}) = (1 - \pi_A)(1 - \pi_B)$$

从而当 $\pi_B \neq 1$ 时，$\pi_A = 1 - \dfrac{P(\text{是})}{1 - \pi_B}$。

设样本中回答"是"的人数为 m，则 $m \sim \text{Binomial}(n, P(\text{是}))$，于是 $P(\text{是})$ 的一个估计为 $\dfrac{m}{n}$，从而 π_A 的一个估计为：

$$\hat{\pi}_A = 1 - \frac{\dfrac{m}{n}}{1 - \pi_B}$$

由于 $E(m) = n \cdot P(\text{是})$，$V(m) = n \cdot P(\text{是})[1 - P(\text{是})]$，因而 $E(\hat{\pi}_A) = \pi_A$，即 $\hat{\pi}_A$ 是 π_A 的无偏估计量，且：

$$
\begin{aligned}
V(\hat{\pi}_A) &= \frac{1}{(1 - \pi_B)^2} V\left(\frac{m}{n}\right) \\
&= \frac{P(\text{是})[1 - P(\text{是})]}{n(1 - \pi_B)^2} \\
&= \frac{\pi_A(1 - \pi_A)}{n} + \frac{\pi_B(1 - \pi_A)}{n(1 - \pi_B)}
\end{aligned}
\tag{4.2}
$$

上式表示，$\hat{\pi}_A$ 的方差由两个部分组成，前一项是直接回答敏感性问题的方差，后一项由于引入非敏感性特征 B，容易看出 $V(\hat{\pi}_A)$ 的一个无偏估计为：

$$v(\hat{\pi}_A) = \frac{\dfrac{m}{n}\left(1 - \dfrac{m}{n}\right)}{(n-1)(1-\pi_B)^2}$$

$$= \frac{\hat{\pi}_A(1-\hat{\pi}_A)}{n-1} + \frac{\pi_B(1-\hat{\pi}_A)}{(n-1)(1-\pi_B)}$$

比较式（4.1）和式（4.2），即

$$\left[\frac{\pi_A(1-\pi_A)}{n} + \frac{\pi_B(1-\pi_B)}{n(2\pi_B-1)^2}\right] - \left[\frac{\pi_A(1-\pi_A)}{n} + \frac{\pi_B(1-\pi_A)}{n(1-\pi_B)}\right]$$

$$= \frac{\pi_B(1-\pi_B)^2 - \pi_B(1-\pi_A)(2\pi_B-1)^2}{n(2\pi_B-1)^2(1-\pi_B)}$$

因而，当 $0 < \pi_A < 1$ 和 $\pi_B < \dfrac{2}{3}$ 时，本方法的精度要高于上一个模型和 Warner 模型。

（2）不放回简单随机抽样，即

$$\hat{\pi}_A = 1 - \frac{\dfrac{m}{n}}{1-\pi_B}$$

仍然是 π_A 的无偏估计量，且其方差为：

$$V(\hat{\pi}_A) = \frac{1}{(1-\pi_B)^2}V\left(\frac{m}{n}\right)$$

$$= \frac{N-n}{N-1}\frac{P(是)[1-P(是)]}{n(1-\pi_B)^2}$$

$$= \frac{N-n}{N-1}\left[\frac{\pi_A(1-\pi_A)}{n} + \frac{\pi_B(1-\pi_A)}{n(1-\pi_B)}\right]$$

$V(\hat{\pi}_A)$ 的一个无偏估计为：

$$v(\hat{\pi}_A) = \frac{N-n}{N}\frac{\dfrac{m}{n}\left(1-\dfrac{m}{n}\right)}{(n-1)(1-\pi_B)^2}$$

4.1.3　互斥非敏感性问题模型

这个模型估计量的精度比改进的独立非敏感性问题模型更高。

设特征 A 是敏感性特征，特征 B 是与 A 互斥的非敏感性特征（即人们不能同时具有特征 A 和 B）。总体中具有特征 A 的比例 π_A 是未知且需要估计的，具有特征 B 的比例为 π_B。

1. π_B 已知时

（1）放回简单随机抽样。从总体中以放回简单随机抽样方法抽取一个样本量为 n 的样本，回答下述问卷："你是否属于 A 或 B？你的回答是（　）。"

于是对任意一个被调查者，回答为"是"的概率为：

$$P(是) = \pi_A + \pi_B$$

则：

$$\pi_A = P(是) - \pi_B$$

设样本中回答"是"的人数为 m，则 $m \sim \mathrm{Binomial}(n, P(是))$，于是 $P(是)$ 的一个估计为 $\dfrac{m}{n}$，从而 π_A 的一个估计为：

$$\hat{\pi}_A = \frac{m}{n} - \pi_B$$

由于 $E(m) = n \cdot P(是)$，$V(m) = n \cdot P(是)[1 - P(是)]$，因而 $E(\hat{\pi}_A) = \pi_A$，即 $\hat{\pi}_A$ 是 π_A 的无偏估计量，且：

$$
\begin{aligned}
V(\hat{\pi}_A) &= V\left(\frac{m}{n}\right) \\
&= \frac{P(是)[1 - P(是)]}{n} \\
&= \frac{(\pi_A + \pi_B)(1 - \pi_A - \pi_B)}{n} \\
&= \frac{\pi_A(1 - \pi_A)}{n} + \frac{\pi_B(1 - \pi_A) - \pi_A\pi_B - \pi_B^2}{n}
\end{aligned}
\tag{4.3}
$$

$V(\hat{\pi}_A)$ 的一个无偏估计为：

$$v(\hat{\pi}_A) = \frac{\dfrac{m}{n}\left(1 - \dfrac{m}{n}\right)}{(n-1)}$$

比较式（4.2）和式（4.3），由于：

$$\frac{\pi_A(1-\pi_A)}{n} + \frac{\pi_B(1-\pi_A) - \pi_A\pi_B - \pi_B^2}{n} \leqslant \frac{\pi_A(1-\pi_A)}{n} + \frac{\pi_B(1-\pi_A)}{n(1-\pi_B)}$$

$$\Leftrightarrow \frac{\pi_B(1-\pi_A) - \pi_A\pi_B - \pi_B^2}{n} \leqslant \frac{\pi_B(1-\pi_A)}{n(1-\pi_B)}$$

$$\Leftrightarrow \pi_B(1-\pi_A) - \pi_A\pi_B - \pi_B^2 \leqslant \frac{\pi_B(1-\pi_A)}{1-\pi_B}$$

$$\Leftrightarrow \pi_B(1-\pi_A)(1-\pi_B) - (\pi_A\pi_B + \pi_B^2)(1-\pi_B) \leqslant \pi_B(1-\pi_A)$$

$$\Leftrightarrow -(\pi_A\pi_B + \pi_B^2)(1-\pi_B) \leqslant \pi_B^2(1-\pi_A)$$

最后一个不等式的左边非正，右边非负，因此，此模型的精度要高于改进的独立非敏感性问题模型。不过，在实践中，要找到与 A 互斥的非敏感性特征并不容易。

（2）不放回简单随机抽样，即

$$\hat{\pi}_A = \frac{m}{n} - \pi_B$$

仍然是 π_A 的无偏估计量，且其方差为：

$$V(\hat{\pi}_A) = V\left(\frac{m}{n}\right)$$

$$= \frac{N-n}{N-1} \frac{P(\text{是})[1 - P(\text{是})]}{n}$$

$V(\hat{\pi}_A)$ 的一个无偏估计为：

$$v(\hat{\pi}_A) = \frac{N-n}{N} \frac{\frac{m}{n}\left(1 - \frac{m}{n}\right)}{(n-1)}$$

2. π_B 未知时

（1）放回简单随机抽样。从总体中以放回简单随机抽样方法抽取两个独立的样本 s_1 和 s_2，其样本容量分别为 n_1 和 n_2，$n = n_1 + n_2$。样本 s_1 对应问卷与前相同，而样本 s_2 对应直接问卷："请回答你是否具有特征 B，你的回答是（　）。"

即第二套样本不是随机化回答，而是直接回答装置，作用只是为了估计

π_C 的大小。于是对第一个样本中的任意一个被调查者，回答为"是"的概率为：

$$P_1 = \pi_A + \pi_B$$

则：

$$\pi_A = P_1 - \pi_B$$

设 m_1 和 m_2 分别表示第一、二套样本中回答"是"的人数，于是 π_A 的一个无偏估计为：

$$\hat{\pi}_A = \frac{m_1}{n_1} - \frac{m_2}{n_2}$$

其方差为：

$$V(\hat{\pi}_A) = V\left(\frac{m_1}{n_1}\right) + V\left(\frac{m_2}{n_2}\right)$$

$$= \frac{P_1(1 - P_1)}{n_1} + \frac{\pi_B(1 - \pi_B)}{n_2}$$

$V(\hat{\pi}_A)$ 的一个无偏估计为：

$$v(\hat{\pi}_A) = \frac{\frac{m_1}{n_1}\left(1 - \frac{m_1}{n_1}\right)}{(n_1 - 1)} + \frac{\frac{m_2}{n_2}\left(1 - \frac{m_2}{n_2}\right)}{(n_2 - 1)}$$

（2）不放回简单随机抽样，即

$$\hat{\pi}_A = \frac{m_1}{n_1} - \frac{m_2}{n_2}$$

仍然是 π_A 的无偏估计量，且其方差为：

$$V(\hat{\pi}_A) = V\left(\frac{m_1}{n_1}\right) + V\left(\frac{m_2}{n_2}\right)$$

$$= \frac{N - n}{N - 1}\left[\frac{P_1(1 - P_1)}{n_1} + \frac{\pi_B(1 - \pi_B)}{n_2}\right]$$

$V(\hat{\pi}_A)$ 的一个无偏估计为：

$$v(\hat{\pi}_A) = \frac{N - n}{N}\left[\frac{\frac{m_1}{n_1}\left(1 - \frac{m_1}{n_1}\right)}{(n_1 - 1)} + \frac{\frac{m_2}{n_2}\left(1 - \frac{m_2}{n_2}\right)}{(n_2 - 1)}\right]$$

4.1.4　双独立非敏感性问题模型

此模型的精度比经典的 Kuk 模型更高，不过要比前三种模型多找一个非敏感性特征。

设特征 A 是敏感性特征，特征 B 和 C（互不相关）都是与 A 不相关的非敏感性特征，总体中具有特征 A 的比例为 π_A，它是未知且需要估计的，而具有特征 B 的比例 π_B 和具有特征 C 的比例 π_C 在设计时已知。

（1）放回简单随机抽样。从总体中以放回简单随机抽样方法抽取一个样本量为 n 的样本，根据下表中的规则如实回答"1"或"0"，并将该有序数对填入括号中［如（1，1）等］。

	A	$\bar{A}$
B	1	0
$\bar{B}$	0	1

	A	$\bar{A}$
C	0	1
$\bar{C}$	1	0

即对于特征 A 和 B，如果被调查者两个都有或都没有，则回答"1"，否则回答"0"；而对于特征 A 和 C，如果被调查者两个都有或都没有，则回答"0"，否则回答"1"。

因此，对于任意一个有序数对，比如（1，0），调查者并不能判断出被调查者是否具有敏感性特征 A，从而保护了被调查者的隐私。

设 X_i 表示第 $i(i = 1, \cdots, n)$ 个被调查者回答"1"的个数，则：

$$P(X_i = 0) = \pi_A(1 - \pi_B)\pi_C + (1 - \pi_A)\pi_B(1 - \pi_C)$$

$$P(X_i = 1) = 1 - \pi_B - \pi_C + 2\pi_B\pi_C$$

$$P(X_i = 2) = \pi_A\pi_B(1 - \pi_C) + (1 - \pi_A)(1 - \pi_B)\pi_C$$

于是：

$$E(X_i) = 1 - \pi_B + \pi_C + 2\pi_A(\pi_B - \pi_C)$$

$$V(X_i) = \pi_B(1 - \pi_B) + \pi_C(1 - \pi_C) + 4\pi_A(1 - \pi_A)(\pi_B - \pi_C)^2$$

设 n 个被调查者中回答 "1" 的总个数为 m，则：

$$\frac{m}{n} = 1 - \pi_B + \pi_C + 2\hat{\pi}_A(\pi_B - \pi_C)$$

即 π_A 的一个估计为：

$$\hat{\pi}_A = \frac{\pi_B - \pi_C + \dfrac{m}{n} - 1}{2(\pi_B - \pi_C)} , \ \pi_B \neq \pi_C$$

由于 $m = X_1 + \cdots + X_n$，故

$$\begin{aligned} E(m) &= EX_1 + \cdots + EX_n \\ &= n[1 - \pi_B + \pi_C + 2\pi_A(\pi_B - \pi_C)] \end{aligned}$$

于是：

$$\begin{aligned} E(\hat{\pi}_A) &= E\left[\frac{\dfrac{m}{n} - 1}{2(\pi_B - \pi_C)} + \frac{1}{2}\right] \\ &= \frac{\dfrac{E(m)}{n} - 1}{2(\pi_B - \pi_C)} + \frac{1}{2} \\ &= \frac{\dfrac{n[1 - \pi_B + \pi_C + 2\pi_A(\pi_B - \pi_C)]}{n} - 1}{2(\pi_B - \pi_C)} + \frac{1}{2} \\ &= \pi_A \end{aligned}$$

即 $\hat{\pi}_A$ 是 π_A 的无偏估计量。又因为：

$$\begin{aligned} V(m) &= V(X_1) + \cdots + V(X_n) \\ &= n[\pi_B(1 - \pi_B) + \pi_C(1 - \pi_C) + \\ &\quad 4\pi_A(1 - \pi_A)(\pi_B - \pi_C)^2] \end{aligned}$$

所以：

$$V(\hat{\pi}_A) = \frac{V(m)}{4n^2(\pi_B - \pi_C)^2}$$

$$= \frac{\pi_A(1-\pi_A)}{n} + \frac{\pi_B(1-\pi_B) + \pi_C(1-\pi_C)}{4n(\pi_B-\pi_C)^2} \quad (4.4)$$

$V(\hat{\pi}_A)$ 一个无偏估计为：

$$v(\hat{\pi}_A) = \frac{\hat{\pi}_A(1-\hat{\pi}_A)}{n-1} + \frac{\pi_B(1-\pi_B)+\pi_C(1-\pi_C)}{4(n-1)(\pi_B-\pi_C)^2}$$

比较式（4.4）和式（2.4），由于：

$$(2.4) - (4.4) = \frac{(4\pi_A-1)\pi_B(1-\pi_B)+(3-4\pi_A)\pi_C(1-\pi_C)}{4n(\pi_B-\pi_C)^2}$$

因而，当 $\frac{1}{4} < \pi_A < \frac{3}{4}$ 时，此模型的精度比 Kuk 模型高。

（2）不放回简单随机抽样，即

$$\hat{\pi}_A = \frac{\frac{m}{n}-1}{2(\pi_B-\pi_C)} + \frac{1}{2}, \pi_B \neq \pi_C$$

仍然是 π_A 的无偏估计量，且其方差为：

$$V(\hat{\pi}_A) = \frac{V(m)}{4n^2(\pi_B-\pi_C)^2}$$

$$= \frac{N-n}{N-1}\left[\frac{\pi_A(1-\pi_A)}{n} + \frac{\pi_B(1-\pi_B)+\pi_C(1-\pi_C)}{4n(\pi_B-\pi_C)^2}\right]$$

$V(\hat{\pi}_A)$ 一个无偏估计为：

$$v(\hat{\pi}_A) = \frac{N-n}{N}\left[\frac{\hat{\pi}_A(1-\hat{\pi}_A)}{n-1} + \frac{\pi_B(1-\pi_B)+\pi_C(1-\pi_C)}{4(n-1)(\pi_B-\pi_C)^2}\right]$$

4.2 用问题替代随机化装置的模型

在这一类模型中，我们使用非敏感性问题或敏感性问题替代随机化装置。

4.2.1 敏感性问题替代随机化装置的无关问题模型

在此模型中用敏感性问题替代随机化装置。

设特征 A 是敏感性特征，特征 B 和 C（互不相关）都是与 A 不相关的非敏感性特征，总体中具有特征 A 的比例为 π_A，它是未知且需要估计的，具有特征 B 和 C 的比例分别为 π_B 和 π_C。

1. π_B 和 π_C 都已知

（1）放回简单随机抽样。从总体中以放回简单随机抽样方法抽取一个样本量为 n 的样本回答下述问卷："你有敏感性特征 A 吗？如果有，请回答是否具有特征 B，否则请回答是否具有特征 C，你的回答是（　）。"

于是对任意一个被调查者，回答为"是"的概率为：

$$P(是) = \pi_A\pi_B + (1 - \pi_A)\pi_C$$

因此当 $\pi_B \neq \pi_C$ 时，$\pi_A = \dfrac{P(是) - \pi_C}{\pi_B - \pi_C}$。

设样本中回答"是"的人数为 m，则 $m \sim \mathrm{Binomial}(n, P(是))$，于是 $P(是)$ 的一个估计为 $\dfrac{m}{n}$，从而 π_A 的一个估计为：

$$\hat{\pi}_A = \frac{\dfrac{m}{n} - \pi_C}{\pi_B - \pi_C}$$

由于 $E(m) = n \cdot P(是)$，$V(m) = n \cdot P(是)[1 - P(是)]$，因而 $E(\hat{\pi}_A) = \pi_A$，即 $\hat{\pi}_A$ 是 π_A 的无偏估计量，且

$$
\begin{aligned}
V(\hat{\pi}_A) &= \frac{1}{(\pi_B - \pi_C)^2} V\left(\frac{m}{n}\right) \\
&= \frac{P(是)[1 - P(是)]}{n(\pi_B - \pi_C)^2} \\
&= \frac{1}{n}\left[\frac{\pi_A(1 - 2\pi_C)}{\pi_B - \pi_C} - \pi_A^2 + \frac{\pi_C(1 - \pi_C)}{(\pi_B - \pi_C)^2}\right]
\end{aligned}
\tag{4.5}
$$

$V(\overset{\wedge}{\pi}_A)$ 一个无偏估计为：

$$v(\overset{\wedge}{\pi}_A) = \frac{\frac{m}{n}\left(1 - \frac{m}{n}\right)}{(n-1)(\pi_B - \pi_C)^2}$$

$$= \frac{1}{n-1}\left[\frac{\overset{\wedge}{\pi}_A(1 - 2\pi_C)}{\pi_B - \pi_C} - \overset{\wedge}{\pi}_A{}^2 + \frac{\pi_C(1 - \pi_C)}{(\pi_B - \pi_C)^2}\right]$$

（2）不放回简单随机抽样，即

$$\overset{\wedge}{\pi}_A = \frac{\frac{m}{n} - \pi_C}{\pi_B - \pi_C}, \pi_B \neq \pi_C$$

仍然是 π_A 的无偏估计量，且其方差为：

$$V(\overset{\wedge}{\pi}_A) = \frac{1}{(\pi_B - \pi_C)^2}V\left(\frac{m}{n}\right)$$

$$= \frac{N-n}{N-1}\frac{1}{n}\left[\frac{\pi_A(1 - 2\pi_C)}{\pi_B - \pi_C} - \pi_A^2 + \frac{\pi_C(1 - \pi_C)}{(\pi_B - \pi_C)^2}\right]$$

$V(\overset{\wedge}{\pi}_A)$ 一个无偏估计为：

$$v(\overset{\wedge}{\pi}_A) = \frac{N-n}{N}\frac{\frac{m}{n}\left(1 - \frac{m}{n}\right)}{(n-1)(\pi_B - \pi_C)^2}$$

$$= \frac{N-n}{N}\frac{1}{n-1}\left[\frac{\overset{\wedge}{\pi}_A(1 - 2\pi_C)}{\pi_B - \pi_C} - \overset{\wedge}{\pi}_A{}^2 + \frac{\pi_C(1 - \pi_C)}{(\pi_B - \pi_C)^2}\right]$$

2. π_B 未知而 π_C 已知

（1）放回简单随机抽样。从总体中以放回简单随机抽样方法抽取两个独立的样本 s_1 和 s_2，其样本容量分别为 n_1 和 n_2，$n = n_1 + n_2$。样本 s_1 对应问卷与前相同，而样本 s_2 对应问卷："你有敏感性特征 A 吗？如果有，请回答是否没有特征 B，否则请回答是否具有特征 C，你的回答是（　　）。"

于是对第一个样本中的任意一个被调查者，回答为"是"的概率为：

$$P_1 = \pi_A\pi_B + (1 - \pi_A)\pi_C$$

对第二个样本中的任意一个被调查者回答为"是"的概率为：

$$P_2 = \pi_A(1 - \pi_B) + (1 - \pi_A)\pi_C$$

因此当 $\pi_C \neq \dfrac{1}{2}$ 时，有 $\pi_A = \dfrac{P_1 + P_2 - 2\pi_C}{1 - 2\pi_C}$。

设两个样本中回答"是"的人数分别为 m_1 和 m_2，则 $m_1 \sim \mathrm{Binomial}(n, P_1)$，$m_2 \sim \mathrm{Binomial}(n, P_2)$，从而 π_A 的一个无偏估计为：

$$\hat{\pi}_A = \frac{\dfrac{m_1}{n_1} + \dfrac{m_2}{n_2} - 2\pi_C}{1 - 2\pi_C}$$

其方差为：

$$V(\hat{\pi}_A) = \frac{1}{(1 - 2\pi_C)^2}\left[V\left(\frac{m_1}{n_1}\right) + V\left(\frac{m_2}{n_2}\right)\right]$$

$$= \frac{1}{(1 - 2\pi_C)^2}\left[\frac{P_1(1 - P_1)}{n_1} + \frac{P_2(1 - P_2)}{n_2}\right]$$

$V(\hat{\pi}_A)$ 一个无偏估计为：

$$v(\hat{\pi}_A) = \frac{1}{(1 - 2\pi_C)^2}\left[\frac{\dfrac{m_1}{n_1}\left(1 - \dfrac{m_1}{n_1}\right)}{n_1 - 1} + \frac{\dfrac{m_2}{n_2}\left(1 - \dfrac{m_2}{n_2}\right)}{n_2 - 1}\right]$$

（2）不放回简单随机抽样，即

$$\hat{\pi}_A = \frac{\dfrac{m_1}{n_1} + \dfrac{m_2}{n_2} - 2\pi_C}{1 - 2\pi_C}, \pi_C \neq \frac{1}{2}$$

仍然是 π_A 的无偏估计量，且其方差为：

$$V(\hat{\pi}_A) = \frac{1}{(1 - 2\pi_C)^2}\left[V\left(\frac{m_1}{n_1}\right) + V\left(\frac{m_2}{n_2}\right)\right]$$

$$= \frac{N - n}{N - 1}\frac{1}{(1 - 2\pi_C)^2}\left[\frac{P_1(1 - P_1)}{n_1} + \frac{P_2(1 - P_2)}{n_2}\right]$$

$V(\hat{\pi}_A)$ 一个无偏估计为：

$$v(\hat{\pi}_A) = \frac{N - n}{N}\frac{1}{(1 - 2\pi_C)^2}\left[\frac{\dfrac{m_1}{n_1}\left(1 - \dfrac{m_1}{n_1}\right)}{n_1 - 1} + \frac{\dfrac{m_2}{n_2}\left(1 - \dfrac{m_2}{n_2}\right)}{n_2 - 1}\right]$$

3. π_B 已知而 π_C 未知

（1）放回简单随机抽样。从总体中以放回简单随机抽样方法抽取两个独立的样本 s_1 和 s_2，其样本容量分别为 n_1 和 n_2，$n = n_1 + n_2$。样本 s_1 对应问卷与 π_B 和 π_C 都已知时相同，而样本 s_2 对应问卷："你有敏感性特征 A 吗？如果有，请回答是否具有特征 B，否则请回答是否没有特征 C，你的回答是（　　）。"

于是对第一个样本中的任意一个被调查者，回答为"是"的概率为：

$$P_1 = \pi_A\pi_B + (1 - \pi_A)\pi_C$$

对第二个样本中的任意一个被调查者，回答为"是"的概率为：

$$P_2 = \pi_A\pi_B + (1 - \pi_A)(1 - \pi_C)$$

因此当 $\pi_B \neq \dfrac{1}{2}$ 时，有 $\pi_A = \dfrac{P_1 + P_2 - 1}{2\pi_B - 1}$。

设两个样本中回答"是"的人数分别为 m_1 和 m_2，则 $m_1 \sim \text{Binomial}(n, P_1)$，$m_2 \sim \text{Binomial}(n, P_2)$，从而 π_A 的一个无偏估计为：

$$\hat{\pi}_A = \frac{\dfrac{m_1}{n_1} + \dfrac{m_2}{n_2} - 1}{2\pi_B - 1}$$

其方差为：

$$V(\hat{\pi}_A) = \frac{1}{(2\pi_B - 1)^2}\Big[V\Big(\frac{m_1}{n_1}\Big) + V\Big(\frac{m_2}{n_2}\Big)\Big]$$

$$= \frac{1}{(2\pi_B - 1)^2}\Big[\frac{P_1(1 - P_1)}{n_1} + \frac{P_2(1 - P_2)}{n_2}\Big]$$

$V(\hat{\pi}_A)$ 一个无偏估计为：

$$v(\hat{\pi}_A) = \frac{1}{(2\pi_B - 1)^2}\left[\frac{\dfrac{m_1}{n_1}\Big(1 - \dfrac{m_1}{n_1}\Big)}{n_1 - 1} + \frac{\dfrac{m_2}{n_2}\Big(1 - \dfrac{m_2}{n_2}\Big)}{n_2 - 1}\right]$$

（2）不放回简单随机抽样，即

$$\hat{\pi}_A = \frac{\dfrac{m_1}{n_1} + \dfrac{m_2}{n_2} - 1}{2\pi_B - 1}, \pi_B \neq \frac{1}{2}$$

仍然是 π_A 的无偏估计量，且其方差为：

$$V(\hat{\pi}_A) = \frac{1}{(2\pi_B - 1)^2}\left[V\left(\frac{m_1}{n_1}\right) + V\left(\frac{m_2}{n_2}\right)\right]$$

$$= \frac{N - n}{N - 1}\frac{1}{(2\pi_B - 1)^2}\left[\frac{P_1(1 - P_1)}{n_1} + \frac{P_2(1 - P_2)}{n_2}\right]$$

$V(\hat{\pi}_A)$ 一个无偏估计为：

$$v(\hat{\pi}_A) = \frac{N - n}{N}\frac{1}{(2\pi_B - 1)^2}\left[\frac{\frac{m_1}{n_1}\left(1 - \frac{m_1}{n_1}\right)}{n_1 - 1} + \frac{\frac{m_2}{n_2}\left(1 - \frac{m_2}{n_2}\right)}{n_2 - 1}\right]$$

4.2.2　无关问题替代随机化装置的无关问题模型

此方法用无关的非敏感性问题替代随机化装置。相对于上一个模型，被调查者会更愿意合作些，因为一上来就直接询问敏感性问题会给人以唐突感，有可能会引起被调查者的抵触情绪。

设特征 A 是敏感性特征，特征 B 和 C（互不相关）都是与 A 不相关的非敏感性特征，总体中具有特征 A 的比例为 π_A，它是未知且需要估计的，具有特征 B 和 C 的比例分别为 π_B 和 π_C。

1. π_B 和 π_C 已知时

（1）放回简单随机抽样。从总体中以放回简单随机抽样方法抽取一个样本量为 n 的样本，回答下述问卷："你有非敏感性特征 B 吗？如果有，请回答你是否具有敏感性特征 A；如果没有，请回答你是否具有特征 C。你的回答是（　）。"

即被调查者以概率 π_B 回答敏感性问题，以概率 $1 - \pi_B$ 回答非敏感性问题。于是对任意一个被调查者，回答为"是"的概率为：

$$P(是) = \pi_B\pi_A + (1 - \pi_B)\pi_C$$

则：

$$\pi_A = \frac{P(是) - (1 - \pi_B)\pi_C}{\pi_B}$$

设样本中回答"是"的人数为 m，则 $m \sim \text{Binomial}(n, P(是))$，于是

$P(是)$ 的一个估计为 $\dfrac{m}{n}$，从而 π_A 的一个估计为：

$$\hat{\pi}_A = \frac{\dfrac{m}{n} - (1 - \pi_B)\pi_C}{\pi_B}$$

由于 $E(m) = n \cdot P(是)$，$V(m) = n \cdot P(是)[1 - P(是)]$，因而 $E(\hat{\pi}_A) = \pi_A$，即 $\hat{\pi}_A$ 是 π_A 的无偏估计量，且：

$$V(\hat{\pi}_A) = \frac{1}{\pi_B^2}V\left(\frac{m}{n}\right)$$

$$= \frac{P(是)[1 - P(是)]}{n\pi_B^2} \tag{4.6}$$

$V(\hat{\pi}_A)$ 一个无偏估计为：

$$v(\hat{\pi}_A) = \frac{\dfrac{m}{n}\left(1 - \dfrac{m}{n}\right)}{(n - 1)\pi_B^2}$$

（2）不放回简单随机抽样，即

$$\hat{\pi}_A = \frac{\dfrac{m}{n} - (1 - \pi_B)\pi_C}{\pi_B}$$

仍然是 π_A 的无偏估计量，且其方差为：

$$V(\hat{\pi}_A) = \frac{1}{\pi_B^2}V\left(\frac{m}{n}\right)$$

$$= \frac{N - n}{N - 1}\frac{P(是)[1 - P(是)]}{n\pi_B^2}$$

$V(\hat{\pi}_A)$ 一个无偏估计为：

$$v(\hat{\pi}_A) = \frac{N - n}{N}\frac{\dfrac{m}{n}\left(1 - \dfrac{m}{n}\right)}{(n - 1)\pi_B^2}$$

2. π_B 已知但 π_C 未知时

（1）放回简单随机抽样。从总体中以放回简单随机抽样方法抽取两个独立的样本 s_1 和 s_2，其样本容量分别为 n_1 和 n_2，$n = n_1 + n_2$。样本 s_1 对应问卷与前相同，而样本 s_2 对应直接问卷："请回答你是否具有特征 C。你的回答是（   ）。"

即第二套样本不是随机化回答，而是直接回答装置，作用只是为了估计 π_C 的大小。于是对第一个样本中的任意一个被调查者，回答为"是"的概率为：

$$P_1 = \pi_B \pi_A + (1 - \pi_B)\pi_C$$

因此：

$$\pi_A = \frac{P_1 - (1 - \pi_B)\pi_C}{\pi_B}$$

设 m_1 和 m_2 分别表示第一、二套样本中回答"是"的人数，于是 π_A 的一个无偏估计为：

$$\hat{\pi}_A = \frac{\dfrac{m_1}{n_1} - (1 - \pi_B)\dfrac{m_2}{n_2}}{\pi_B}$$

其方差为：

$$V(\hat{\pi}_A) = \frac{1}{\pi_B^2}\left[V\left(\frac{m_1}{n_1}\right) + (1 - \pi_B)^2 V\left(\frac{m_2}{n_2}\right)\right]$$

$$= \frac{P_1(1 - P_1)}{n_1 \pi_B^2} + \frac{(1 - \pi_B)^2 \pi_C(1 - \pi_C)}{n_2 \pi_B^2}$$

$V(\hat{\pi}_A)$ 一个无偏估计为：

$$v(\hat{\pi}_A) = \frac{\dfrac{m_1}{n_1}\left(1 - \dfrac{m_1}{n_1}\right)}{(n_1 - 1)\pi_B^2} + \frac{(1 - \pi_B)^2 \dfrac{m_2}{n_2}\left(1 - \dfrac{m_2}{n_2}\right)}{(n_2 - 1)\pi_B^2}$$

（2）不放回简单随机抽样，即

$$\hat{\pi}_A = \frac{\dfrac{m_1}{n_1} - (1 - \pi_B)\dfrac{m_2}{n_2}}{\pi_B}$$

仍然是 π_A 的无偏估计量，且其方差为：

$$V(\hat{\pi}_A) = \frac{1}{\pi_B^2}\Big[V\Big(\frac{m_1}{n_1}\Big) + (1 - \pi_B)^2 V\Big(\frac{m_2}{n_2}\Big) \Big]$$

$$= \frac{N - n_1}{N - 1}\frac{P_1(1 - P_1)}{n_1 \pi_B^2} + \frac{N - n_2}{N - 1}\frac{(1 - \pi_B)^2 \pi_C(1 - \pi_C)}{n_2 \pi_B^2}$$

$V(\hat{\pi}_A)$ 一个无偏估计为：

$$v(\hat{\pi}_A) = \frac{N - n_1}{N}\frac{\frac{m_1}{n_1}\Big(1 - \frac{m_1}{n_1}\Big)}{(n_1 - 1)\pi_B^2} + \frac{N - n_2}{N}\frac{(1 - \pi_B)^2 \frac{m_2}{n_2}\Big(1 - \frac{m_2}{n_2}\Big)}{(n_2 - 1)\pi_B^2}$$

3. π_B 和 π_C 都未知时

从总体中以放回简单随机抽样方法抽取三个相互独立的样本 s_1、s_2 和 s_3，其样本容量分别为 n_1、n_2 和 n_3，$n = n_1 + n_2 + n_3$。样本 s_1 和 s_2 对应问卷与前相同，而样本 s_3 对应直接问卷："请回答你是否具有特征 B，你的回答是（　）。"

即第三套样本也不是随机化回答，而是直接回答装置，作用只是为了估计 π_B 的大小。符号与前同，m_3 表示第三套样本 s_3 中回答"是"的人数，则 $\hat{\pi}_B = \frac{m_3}{n_3}$ 是 π_B 的无偏估计。对第一个样本中的任意一个被调查者，回答为"是"的概率为：

$$P_1 = \pi_B \pi_A + (1 - \pi_B)\pi_C$$

则：

$$\pi_A = \frac{P_1 - (1 - \pi_B)\pi_C}{\pi_B}$$

设 m_1 和 m_2 分别表示第一、二套样本中回答"是"的人数，于是 π_A 的一个估计为：

$$\hat{\pi}_A = \frac{\hat{P}_1 - (1 - \hat{\pi}_B)\hat{\pi}_C}{\hat{\pi}_B}$$

$$= \frac{\frac{m_1}{n_1} - \left(1 - \frac{m_3}{n_3}\right)\frac{m_2}{n_2}}{\frac{m_3}{n_3}}$$

$\hat{\pi}_A$ 是有偏的，但偏倚几乎处处等于零。证明过程如下：

由于：

$$E(\hat{\pi}_B) = \pi_B \neq 0$$

$$\frac{1}{\hat{\pi}_B} = \frac{1}{\pi_B} + \left(\frac{1}{\pi_B}\right)'(\hat{\pi}_B - \pi_B) + 余项$$

当 $\hat{\pi}_B \to \pi_B$ 时，余项 $\to 0$，而 $\hat{\pi}_B$ 几乎处处收敛于 π_B，因此余项几乎处处收敛于 0，故：

$$E\left(\frac{1}{\hat{\pi}_B}\right) \approx E\left[\frac{1}{\pi_B} + \left(\frac{1}{\pi_B}\right)'(\hat{\pi}_B - \pi_B)\right]$$

$$= E\left(\frac{1}{\pi_B}\right) + 0$$

$$= \frac{1}{\pi_B}$$

又

$$\hat{\pi}_A = \frac{\hat{P}_1 - (1 - \hat{\pi}_B)\hat{\pi}_C}{\hat{\pi}_B}$$

$$= \frac{\hat{P}_1}{\hat{\pi}_B} - \hat{\pi}_C\frac{1 - \hat{\pi}_B}{\hat{\pi}_B}$$

$$= \frac{\hat{P}_1}{\hat{\pi}_B} - \hat{\pi}_C\left(\frac{1}{\hat{\pi}_B} - 1\right)$$

所以：

$$E\hat{\pi}_A = E\Big[\frac{\hat{P}_1}{\hat{\pi}_B} - \hat{\pi}_C\Big(\frac{1}{\hat{\pi}_B} - 1\Big)\Big]$$

$$= E\Big(\frac{\hat{P}_1}{\hat{\pi}_B}\Big) - E\Big[\hat{\pi}_C\Big(\frac{1}{\hat{\pi}_B} - 1\Big)\Big]$$

$$= E\Big(\frac{1}{\hat{\pi}_B}\Big)E(\hat{P}_1) - E(\hat{\pi}_C)\Big[E\Big(\frac{1}{\hat{\pi}_B}\Big) - 1\Big]$$

$$\approx \frac{1}{\pi_B}P_1 - \pi_C\Big(\frac{1}{\pi_B} - 1\Big)$$

$$= \frac{P_1 - (1 - \pi_B)\pi_C}{\pi_B}$$

$$= \pi_A$$

同理，由一阶台劳展开公式得到：

$$V(\hat{\pi}_A) = V\Big[\frac{\hat{P}_1 - (1 - \hat{\pi}_B)\hat{\pi}_C}{\hat{\pi}_B}\Big]$$

$$\approx \frac{V[\hat{P}_1 - (1 - \hat{\pi}_B)\hat{\pi}_C]}{E^2\hat{\pi}_B} + \frac{E^2[\hat{P}_1 - (1 - \hat{\pi}_B)\hat{\pi}_C]}{E^4\hat{\pi}_B}V(\hat{\pi}_B) -$$

$$2\frac{E[\hat{P}_1 - (1 - \hat{\pi}_B)\hat{\pi}_C]}{E^3\hat{\pi}_B}\text{cov}[\hat{P}_1 - (1 - \hat{\pi}_B)\hat{\pi}_C, \hat{\pi}_B]$$

$$= \Big\{\frac{E[\hat{P}_1 - (1 - \hat{\pi}_B)\hat{\pi}_C]}{E\hat{\pi}_B}\Big\}^2 \Big\{\frac{V[\hat{P}_1 - (1 - \hat{\pi}_B)\hat{\pi}_C]}{E^2[\hat{P}_1 - (1 - \hat{\pi}_B)\hat{\pi}_C]} +$$

$$\frac{V(\hat{\pi}_B)}{E^2\hat{\pi}_B} - 2\frac{\text{cov}[\hat{P}_1 - (1 - \hat{\pi}_B)\hat{\pi}_C, \hat{\pi}_B]}{E[\hat{P}_1 - (1 - \hat{\pi}_B)\hat{\pi}_C]E\hat{\pi}_B}\Big\}$$

则：

$$E[\hat{P}_1 - (1 - \hat{\pi}_B)\hat{\pi}_C] = P_1 - (1 - \pi_B)\pi_C$$

$$E\hat{\pi}_B = \pi_B$$

$$\mathrm{cov}[\hat{P}_1 - (1 - \hat{\pi}_B)\hat{\pi}_C, \hat{\pi}_B] = \mathrm{cov}(\hat{P}_1 - \hat{\pi}_C + \hat{\pi}_B\hat{\pi}_C, \hat{\pi}_B)$$
$$= \mathrm{cov}(\hat{\pi}_B\hat{\pi}_C, \hat{\pi}_B)$$
$$= E(\hat{\pi}_B^2\hat{\pi}_C) - E(\hat{\pi}_B)E(\hat{\pi}_B\hat{\pi}_C)$$
$$= \pi_C[V(\hat{\pi}_B) + \pi_B^2] - \pi_B^2\pi_C$$
$$= \pi_C V(\hat{\pi}_B)$$

$$V[\hat{P}_1 - (1 - \hat{\pi}_B)\hat{\pi}_C] = V(\hat{P}_1) + V(\hat{\pi}_C) + V(\hat{\pi}_B\hat{\pi}_C) - 2\mathrm{cov}(\hat{\pi}_C, \hat{\pi}_B\hat{\pi}_C)$$
$$= V(\hat{P}_1) + V(\hat{\pi}_C) + E(\hat{\pi}_B\hat{\pi}_C)^2 - [E(\hat{\pi}_B\hat{\pi}_C)]^2 -$$
$$2[E(\hat{\pi}_B\hat{\pi}_C^2) - E(\hat{\pi}_C)E(\hat{\pi}_B\hat{\pi}_C)]$$
$$= V(\hat{P}_1) + V(\hat{\pi}_C) + [V(\hat{\pi}_B) + \pi_B^2][V(\hat{\pi}_C) + \pi_C^2] - (\pi_B\pi_C)^2 -$$
$$2\{\pi_B[V(\hat{\pi}_C) + \pi_C^2] - \pi_C^2\pi_B\}$$
$$= V(\hat{P}_1) + (\pi_B - 1)^2 V(\hat{\pi}_C) + [V(\hat{\pi}_C) + \pi_C^2]V(\hat{\pi}_B)$$

所以：

$$V(\hat{\pi}_A) \approx \left[\frac{P_1 - (1 - \pi_B)\pi_C}{\pi_B}\right]^2 \left\{\frac{V(\hat{P}_1) + (\pi_B - 1)^2 V(\hat{\pi}_C) + [V(\hat{\pi}_C) + \pi_C^2]V(\hat{\pi}_B)}{[P_1 - (1 - \pi_B)\pi_C]^2} + \right.$$
$$\left.\frac{V(\hat{\pi}_B)}{\pi_B^2} - \frac{2\pi_C V(\hat{\pi}_B)}{\pi_B[P_1 - (1 - \pi_B)\pi_C]}\right\}$$

其中：

$$V(\hat{P}_1) = \frac{P_1(1 - P_1)}{n_1}$$
$$V(\hat{\pi}_B) = \frac{\pi_B(1 - \pi_B)}{n_3}$$
$$V(\hat{\pi}_C) = \frac{\pi_C(1 - \pi_C)}{n_2}$$

4.2.3 敏感性问题替代随机化装置的简化模型

此模型去除随机化装置的思路与改进的独立非敏感性问题模型不同，但其精度和改进的独立非敏感性问题模型是一样的。

设特征 A 是敏感性特征，特征 B 是与 A 不相关的非敏感性特征，总体中具有特征 A 的比例 π_A 是未知且需要估计的，具有特征 B 的比例为 π_B。

1. π_B 已知

（1）放回简单随机抽样。从总体中以放回简单随机抽样方法抽取一个样本量为 n 的样本回答下述问卷："你有敏感性特征 A 吗？如果有，请回答'是'，否则请回答是否具有特征 B，你的回答是（　）。"

于是对任意一个被调查者，回答为"是"的概率为：

$$P(是) = \pi_A + (1 - \pi_A)\pi_B$$

则：

$$\pi_A = \frac{P(是) - \pi_B}{1 - \pi_B}$$

设样本中回答"是"的人数为 m，则 $m \sim \text{Binomial}(n, P(是))$，于是 $P(是)$ 的最大似然估计为 $\frac{m}{n}$，从而 π_A 的最大似然估计为：

$$\hat{\pi}_A = \frac{\frac{m}{n} - \pi_B}{1 - \pi_B}$$

由于 $E(m) = n \cdot P(是)$，$V(m) = n \cdot P(是)[1 - P(是)]$，因而 $E(\hat{\pi}_A) = \pi_A$，即 $\hat{\pi}_A$ 是 π_A 的无偏估计量，且：

$$V(\hat{\pi}_A) = \frac{1}{(1 - \pi_B)^2}V\left(\frac{m}{n}\right)$$

$$= \frac{P(是)[1 - P(是)]}{n(1 - \pi_B)^2}$$

$$= \frac{\pi_A(1 - \pi_A)}{n} + \frac{\pi_B(1 - \pi_A)}{n(1 - \pi_B)} \tag{4.7}$$

$V(\hat{\pi}_A)$ 一个无偏估计为：

$$v(\hat{\pi}_A) = \frac{\frac{m}{n}\left(1-\frac{m}{n}\right)}{(n-1)(1-\pi_B)^2}$$

$$= \frac{\hat{\pi}_A(1-\hat{\pi}_A)}{n-1} + \frac{\pi_B(1-\hat{\pi}_A)}{(n-1)(1-\pi_B)}$$

（2）不放回简单随机抽样，即

$$\hat{\pi}_A = \frac{\frac{m}{n} - \pi_B}{1-\pi_B}$$

仍然是 π_A 的无偏估计量，且其方差为：

$$V(\hat{\pi}_A) = \frac{1}{(1-\pi_B)^2}V\left(\frac{m}{n}\right)$$

$$= \frac{N-n}{N-1}\frac{P(是)[1-P(是)]}{n(1-\pi_B)^2}$$

$$= \frac{N-n}{N-1}\left[\frac{\pi_A(1-\pi_A)}{n} + \frac{\pi_B(1-\pi_A)}{n(1-\pi_B)}\right]$$

$V(\hat{\pi}_A)$ 一个无偏估计为：

$$v(\hat{\pi}_A) = \frac{N-n}{N}\frac{\frac{m}{n}\left(1-\frac{m}{n}\right)}{(n-1)(1-\pi_B)^2}$$

$$= \frac{N-n}{N}\left[\frac{\hat{\pi}_A(1-\hat{\pi}_A)}{n-1} + \frac{\pi_B(1-\hat{\pi}_A)}{(n-1)(1-\pi_B)}\right]$$

2. π_B 未知

（1）放回简单随机抽样。从总体中以放回简单随机抽样方法抽取两个独立的样本 s_1 和 s_2，其样本容量分别为 n_1 和 n_2，$n=n_1+n_2$。样本 s_1 对应问卷与前相同，而样本 s_2 对应问卷："你有敏感性特征 A 吗？如果有，请回答'是'，否则请回答是否没有特征 B，你的回答是（　　）。"

于是对第一个样本中的任意一个被调查者，回答为"是"的概率为：

$$P_1 = \pi_A + (1-\pi_A)\pi_B$$

对第二个样本中的任意一个被调查者，回答为"是"的概率为：

$$P_2 = \pi_A + (1 - \pi_A)(1 - \pi_B)$$

则：

$$\pi_A = P_1 + P_2 - 1$$

设两个样本中回答"是"的人数分别为 m_1 和 m_2，则 $m_1 \sim \mathrm{Binomial}(n, P_1)$，$m_2 \sim \mathrm{Binomial}(n, P_2)$，从而 π_A 的一个无偏估计为：

$$\hat{\pi}_A = \frac{m_1}{n_1} + \frac{m_2}{n_2} - 1$$

其方差为：

$$V(\hat{\pi}_A) = V\left(\frac{m_1}{n_1}\right) + V\left(\frac{m_2}{n_2}\right)$$

$$= \frac{P_1(1 - P_1)}{n_1} + \frac{P_2(1 - P_2)}{n_2}$$

$V(\hat{\pi}_A)$ 一个无偏估计为：

$$v(\hat{\pi}_A) = \frac{\frac{m_1}{n_1}\left(1 - \frac{m_1}{n_1}\right)}{n_1 - 1} + \frac{\frac{m_2}{n_2}\left(1 - \frac{m_2}{n_2}\right)}{n_2 - 1}$$

（2）不放回简单随机抽样，即

$$\hat{\pi}_A = \frac{m_1}{n_1} + \frac{m_2}{n_2} - 1$$

仍然是 π_A 的无偏估计量，且其方差为：

$$V(\hat{\pi}_A) = V\left(\frac{m_1}{n_1}\right) + V\left(\frac{m_2}{n_2}\right)$$

$$= \frac{N - n}{N - 1}\left[\frac{P_1(1 - P_1)}{n_1} + \frac{P_2(1 - P_2)}{n_2}\right]$$

$V(\hat{\pi}_A)$ 一个无偏估计为：

$$v(\hat{\pi}_A) = \frac{N - n}{N}\left[\frac{\frac{m_1}{n_1}\left(1 - \frac{m_1}{n_1}\right)}{n_1 - 1} + \frac{\frac{m_2}{n_2}\left(1 - \frac{m_2}{n_2}\right)}{n_2 - 1}\right]$$

4.2.4 双问题替代随机化装置模型

此模型需要比上一个模型多找一个非敏感性特征，但估计量的精度比上一个模型更高。

设特征 A 是敏感性特征，特征 B 和 C（互不相关）都是与 A 不相关的非敏感性特征，总体中具有特征 A 的比例为 π_A，它是未知且需要估计的，具有特征 B 和 C 的比例分别为 π_B 和 π_C，π_C 是已知的。

1. π_B 已知

（1）放回简单随机抽样。从总体中以放回简单随机抽样方法抽取一个样本量为 n 的样本回答下述问卷："如果你有敏感性特征 A，请回答'是'；如果你没有敏感性特征 A 但有特征 C 请回答'否'；若 A 和 C 都没有请回答是否有特征 B，你的回答是（   ）。"

于是对任意一个被调查者，回答为"是"的概率为：

$$P(是) = \pi_A + (1 - \pi_A)(1 - \pi_C)\pi_B$$

则：

$$\pi_A = \frac{P(是) - (1 - \pi_C)\pi_B}{1 - (1 - \pi_C)\pi_B}$$

设样本中回答"是"的人数为 m，则 $m \sim \mathrm{Binomial}(n, P(是))$，于是 $P(是)$ 的一个估计为 $\frac{m}{n}$，从而 π_A 的一个估计为：

$$\hat{\pi}_A = \frac{\frac{m}{n} - (1 - \pi_C)\pi_B}{1 - (1 - \pi_C)\pi_B}$$

由于 $E(m) = n \cdot P(是)$，$V(m) = n \cdot P(是)[1 - P(是)]$，因而 $E(\hat{\pi}_A) = \pi_A$，即 $\hat{\pi}_A$ 是 π_A 的无偏估计量，且：

$$V(\hat{\pi}_A) = \frac{1}{\left[1-(1-\pi_C)\pi_B\right]^2}V\left(\frac{m}{n}\right)$$

$$= \frac{P(是)\left[1-P(是)\right]}{n\left[1-(1-\pi_C)\pi_B\right]^2}$$

$$= \frac{\pi_A(1-\pi_A)}{n} + \frac{(1-\pi_C)\pi_B(1-\pi_A)}{n\left[1-(1-\pi_C)\pi_B\right]} \qquad (4.8)$$

$V(\hat{\pi}_A)$ 一个无偏估计为：

$$v(\hat{\pi}_A) = \frac{\frac{m}{n}\left(1-\frac{m}{n}\right)}{(n-1)\left[1-(1-\pi_C)\pi_B\right]^2}$$

$$= \frac{\hat{\pi}_A(1-\hat{\pi}_A)}{n-1} + \frac{(1-\pi_C)\pi_B(1-\hat{\pi}_A)}{(n-1)\left[1-(1-\pi_C)\pi_B\right]}$$

比较式（4.8）和式（4.7），由于

$$\frac{\pi_A(1-\pi_A)}{n} + \frac{\pi_B(1-\pi_A)}{n(1-\pi_B)} > \frac{\pi_A(1-\pi_A)}{n} + \frac{(1-\pi_C)\pi_B(1-\pi_A)}{n\left[1-(1-\pi_C)\pi_B\right]}$$

$$\Leftrightarrow \frac{\pi_B(1-\pi_A)}{n(1-\pi_B)} > \frac{(1-\pi_C)\pi_B(1-\pi_A)}{n\left[1-(1-\pi_C)\pi_B\right]}$$

$$\Leftrightarrow \frac{1}{1-\pi_B} > \frac{1-\pi_C}{1-(1-\pi_C)\pi_B}$$

$$\Leftrightarrow 1-(1-\pi_C)\pi_B > (1-\pi_B)(1-\pi_C)$$

$$\Leftrightarrow 1-\pi_B+\pi_C\pi_B > 1-\pi_C-\pi_B+\pi_B\pi_C$$

$$\Leftrightarrow \pi_C > 0$$

因此，虽然此模型的非敏感性特征比上一个模型多一个，但精度比上一个模型高。当非敏感性特征好找时，采用本模型；当非敏感性特征难找时，则采用上一个模型。

（2）不放回简单随机抽样，即

$$\hat{\pi}_A = \frac{\frac{m}{n}-(1-\pi_C)\pi_B}{1-(1-\pi_C)\pi_B}$$

仍然是 π_A 的无偏估计量，且其方差为：

$$V(\hat{\pi}_A) = \frac{1}{[1 - (1 - \pi_C)\pi_B]^2}V\left(\frac{m}{n}\right)$$

$$= \frac{N - n}{N - 1}\frac{P(是)[1 - P(是)]}{n[1 - (1 - \pi_C)\pi_B]^2}$$

$$= \frac{N - n}{N - 1}\left[\frac{\pi_A(1 - \pi_A)}{n} + \frac{(1 - \pi_C)\pi_B(1 - \pi_A)}{n[1 - (1 - \pi_C)\pi_B]}\right]$$

$V(\hat{\pi}_A)$ 一个无偏估计为：

$$v(\hat{\pi}_A) = \frac{N - n}{N}\frac{\frac{m}{n}\left(1 - \frac{m}{n}\right)}{(n - 1)[1 - (1 - \pi_C)\pi_B]^2}$$

$$= \frac{N - n}{N}\left\{\frac{\hat{\pi}_A(1 - \hat{\pi}_A)}{n - 1} + \frac{(1 - \pi_C)\pi_B(1 - \hat{\pi}_A)}{(n - 1)[1 - (1 - \pi_C)\pi_B]}\right\}$$

2. π_B 未知

（1）放回简单随机抽样。从总体中以放回简单随机抽样方法抽取两个独立的样本 s_1 和 s_2，其样本量分别为 n_1 和 n_2，$n = n_1 + n_2$。样本 s_1 对应问卷与前相同，而样本 s_2 对应问卷："你有敏感性特征 A 吗？如果有，请回答'是'，否则如果你有特征 C 请回答是否有敏感性特征 A，若没有 A 和 C 请回答是否没有特征 B，你的回答是（　）。"

于是对第一个样本中的任意一个被调查者，回答为"是"的概率为：

$$P_1 = \pi_A + (1 - \pi_A)(1 - \pi_C)\pi_B$$

对第二个样本中的任意一个被调查者，回答为"是"的概率为：

$$P_2 = \pi_A + (1 - \pi_A)(1 - \pi_C)(1 - \pi_B)$$

则：

$$\pi_A = \frac{P_1 + P_2 - (1 - \pi_C)}{1 + \pi_C}$$

设两个样本中回答"是"的人数分别为 m_1 和 m_2，则 $m_1 \sim \text{Binomial}(n, P_1)$，$m_2 \sim \text{Binomial}(n, P_2)$，从而 π_A 的一个无偏估计为：

$$\hat{\pi}_A = \frac{\frac{m_1}{n_1} + \frac{m_2}{n_2} - (1 - \pi_C)}{1 + \pi_C}$$

其方差为：

$$V(\hat{\pi}_A) = \frac{1}{(1+\pi_C)^2}\Big[V\Big(\frac{m_1}{n_1}\Big) + V\Big(\frac{m_2}{n_2}\Big)\Big]$$

$$= \frac{1}{(1+\pi_C)^2}\Big[\frac{P_1(1-P_1)}{n_1} + \frac{P_2(1-P_2)}{n_2}\Big]$$

$V(\hat{\pi}_A)$ 一个无偏估计为：

$$v(\hat{\pi}_A) = \frac{1}{(1+\pi_C)^2}\Bigg[\frac{\frac{m_1}{n_1}\Big(1-\frac{m_1}{n_1}\Big)}{n_1-1} + \frac{\frac{m_2}{n_2}\Big(1-\frac{m_2}{n_2}\Big)}{n_2-1}\Bigg]$$

（2）不放回简单随机抽样，即

$$\hat{\pi}_A = \frac{\frac{m_1}{n_1} + \frac{m_2}{n_2} - (1-\pi_C)}{1+\pi_C}$$

仍然是 π_A 的无偏估计量，且其方差为：

$$V(\hat{\pi}_A) = \frac{1}{(1+\pi_C)^2}\Big[V\Big(\frac{m_1}{n_1}\Big) + V\Big(\frac{m_2}{n_2}\Big)\Big]$$

$$= \frac{N-n}{N-1}\frac{1}{(1+\pi_C)^2}\Big[\frac{P_1(1-P_1)}{n_1} + \frac{P_2(1-P_2)}{n_2}\Big]$$

$V(\hat{\pi}_A)$ 一个无偏估计为：

$$v(\hat{\pi}_A) = \frac{N-n}{N}\frac{1}{(1+\pi_C)^2}\Bigg[\frac{\frac{m_1}{n_1}\Big(1-\frac{m_1}{n_1}\Big)}{n_1-1} + \frac{\frac{m_2}{n_2}\Big(1-\frac{m_2}{n_2}\Big)}{n_2-1}\Bigg]$$

4.2.5　无关问题替代随机化装置的多分类模型

此模型用于多分类敏感性问题，其设计思路是用无关的非敏感性问题替代随机化装置。

设 A_1，$\cdots$，A_k 是敏感性问题 A 的 k 个种类，特征 B 是与 A 不相关的非敏感性特征，B_1，$\cdots$，B_k 是非敏感性问题 B 的 k 个种类，即敏感性问题 A 和非敏感性问题 B 的种类个数相同。总体中 A 的各种类比例 π_{A_1}，π_{A_2}，$\cdots$，π_{A_k} 未知且需要估计，而 B 的各种类比例 π_{B_1}，π_{B_2}，$\cdots$，π_{B_k} 在设计时已知。另有和特征

A 和 B 都不相关的特征 C ，其比例 π_C 在设计时也是已知的。

从总体中以放回简单随机抽样方法抽取一个样本量为 n 的样本回答下述问卷："你有非敏感性特征 C 吗？如果有，请回答你属于敏感性特征 A 的哪个种类，否则请回答你属于非敏感性特征 B 的哪个种类，你的回答是（　）。"

即被调查者以概率 π_C 回答敏感性问题，以概率 $1 - \pi_C$ 回答非敏感性问题。于是对任意一个被调查者，回答为第 i 个种类的概率为：

$$P(i) = \pi_C \pi_{A_i} + (1 - \pi_C) \pi_{B_i} , i = 1 , \cdots , k$$

则：

$$\pi_{A_i} = \frac{P(i) - (1 - \pi_C) \pi_{B_i}}{\pi_C} , i = 1 , \cdots , k$$

设样本中回答为第 i 个种类的人数为 m_i ，则 $m_i \sim \mathrm{Binomial}(n , P(i))$ ，于是 $P(i)$ 的一个估计为 $\frac{m_i}{n}$ ，从而 π_{A_i} 的一个估计为：

$$\hat{\pi}_{A_i} = \frac{\frac{m_i}{n} - (1 - \pi_C) \pi_{B_i}}{\pi_C} , i = 1 , \cdots , k$$

由于 $E(m_i) = n \cdot P(i)$, $V(m) = n \cdot P(i)[1 - P(i)]$ ，因而 $E(\hat{\pi}_{A_i}) = \pi_{A_i}$ ，即 $\hat{\pi}_{A_i}$ 是 π_{A_i} 的无偏估计量，且：

$$
\begin{aligned}
V(\hat{\pi}_{A_i}) &= \frac{1}{\pi_C^2} V\left(\frac{m_i}{n}\right) \\
&= \frac{P(i)(1 - P(i))}{n \pi_C^2} , i = 1 , \cdots , k
\end{aligned}
\tag{4.9}
$$

$V(\hat{\pi}_{A_i})$ 的一个无偏估计为：

$$v(\hat{\pi}_{A_i}) = \frac{\frac{m_i}{n}\left(1 - \frac{m_i}{n}\right)}{(n - 1) \pi_C^2} , i = 1 , \cdots , k$$

5 用于定量敏感性问题的非随机化回答技术

5.1 使用独立非敏感性问题以去除随机化装置的模型

5.1.1 和模型

问卷上写两个问题，一个是敏感性问题，另一个是非敏感性问题，两个问题独立。记 X 为敏感性特征变量，其均值为 EX、方差为 $V(X)$，Y 为非敏感性特征变量，其均值为 EY、方差为 $V(Y)$。

1. *EY 已知的情形*

（1）放回简单随机抽样。从总体中以放回简单随机抽样方法抽取一个样本量为 n 的样本，被调查者回答问卷上两个问题的和而不是各自的值。

即回答 $X + Y$ 的取值，记：$Z = X + Y$，于是有 $EZ = EX + EY$，这样 $EX = EZ - EY$。

记获得的调查数据为 z_1，$\cdots$，z_n，且：

$$\bar{z} = \frac{1}{n} \sum_{i=1}^{n} z_i$$

$$s_z^2 = \frac{1}{n-1} \sum_{i=1}^{n} (z_i - \bar{z})^2$$

则 EX 的一个无偏估计为 $\hat{\mu} = \bar{z} - EY$。其方差为 $V(\hat{\mu}) = \dfrac{V(Z)}{n}$。

其中：

$$V(Z) = EZ^2 - (EZ)^2$$
$$= E(X+Y)^2 - (EX+EY)^2$$
$$= V(X) + V(Y)$$

所以：

$$V(\hat{\mu}) = \frac{V(Z)}{n}$$
$$= \frac{1}{n}[V(X) + V(Y)] \qquad (5.1)$$

$V(\hat{\mu})$ 的一个无偏估计为：

$$v(\hat{\mu}) = \frac{s_z^2}{n}$$

（2）不放回简单随机抽样，即

$$\hat{\mu} = \bar{z} - EY$$

仍然是 EX 的无偏估计量，且其方差为：

$$V(\hat{\mu}) = \frac{N-n}{N-1}\frac{V(Z)}{n}$$
$$= \frac{N-n}{N-1}\frac{1}{n}[V(X) + V(Y)]$$

$V(\hat{\mu})$ 的一个无偏估计为：

$$v(\hat{\mu}) = \frac{N-n}{N}\frac{s_z^2}{n}$$

2. EY 未知的情形

（1）放回简单随机抽样。从总体中以放回简单随机抽样方法抽取两个独立的样本 s_1 和 s_2，其样本容量分别为 n_1 和 n_2，$n = n_1 + n_2$。样本 s_1 对应问卷与前相同，而样本 s_2 回答问卷上非敏感性问题的取值。

对第一个样本，记：$Z = X + Y$。于是有 $EZ = EX + EY$，所以 $EX = EZ - EY$。

记获得的调查数据为 z_1，$\cdots$，z_{n_1}，且：

$$\bar{z} = \frac{1}{n_1} \sum_{i=1}^{n_1} z_i$$

$$s_z^2 = \frac{1}{n_1 - 1} \sum_{i=1}^{n_1} (z_i - \bar{z})^2$$

对第二个样本，记获得的调查数据为 y_1，$\cdots$，y_{n_2}，且：

$$\bar{y} = \frac{1}{n_2} \sum_{i=1}^{n_2} y_i$$

$$s_y^2 = \frac{1}{n_2 - 1} \sum_{i=1}^{n_2} (y_i - \bar{y})^2$$

则 EX 的一个无偏估计为：

$$\hat{\mu} = \bar{z} - \bar{y}$$

其方差为：

$$
\begin{aligned}
V(\hat{\mu}) &= V(\bar{z}) + V(\bar{y}) \\
&= \frac{V(Z)}{n_1} + \frac{V(Y)}{n_2} \\
&= \frac{V(X) + V(Y)}{n_1} + \frac{V(Y)}{n_2}
\end{aligned}
$$

$V(\hat{\mu})$ 的一个无偏估计为：

$$v(\hat{\mu}) = \frac{s_z^2}{n_1} + \frac{s_y^2}{n_2}$$

（2）不放回简单随机抽样，即

$$\hat{\mu} = \bar{z} - \bar{y}$$

仍然是 EX 的无偏估计量，且其方差为：

$$
\begin{aligned}
V(\hat{\mu}) &= V(\bar{z}) + V(\bar{y}) \\
&= \frac{N - n_1}{N - 1} \frac{V(Z)}{n_1} + \frac{N - n_2}{N - 1} \frac{V(Y)}{n_2} \\
&= \frac{N - n_1}{N - 1} \frac{V(X) + V(Y)}{n_1} + \frac{N - n_2}{N - 1} \frac{V(Y)}{n_2}
\end{aligned}
$$

$V(\hat{\mu})$ 的一个无偏估计为：

$$v(\hat{\mu}) = \frac{N - n_1}{N} \frac{s_z^2}{n_1} + \frac{N - n_2}{N} \frac{s_y^2}{n_2}$$

5.1.2 倍数回答模型

此模型的估计量比上一个模型更有效。从后面的分析可知，通常情况下，此模型的精度也比改进的和模型高。

问卷上写两个问题，一个是敏感性问题，另一个是非敏感性问题，两个问题独立。记 X 为敏感性特征变量，其均值为 EX、方差为 $V(X)$；Y 为非敏感性特征变量，其均值为 EY、方差为 $V(Y)$。

1. EY 已知的情形

（1）放回简单随机抽样。从总体中以放回简单随机抽样方法抽取一个样本量为 n 的样本，回答 $kX + Y + K$（其中 k 为大于 1 的常数，K 为一个很大的常数）的取值，记：$Z = kX + Y + K$。于是有 $EZ = kEX + EY + K$，所以 $EX = \dfrac{EZ - EY - K}{k}$。

记获得的调查数据为 z_1，$\cdots$，z_n，且：

$$\bar{z} = \frac{1}{n}\sum_{i=1}^{n} z_i$$

$$s_z^2 = \frac{1}{n-1}\sum_{i=1}^{n}(z_i - \bar{z})^2$$

则 EX 的一个无偏估计为：

$$\hat{\mu} = \frac{\bar{z} - EY - K}{k}$$

其方差为：

$$V(\hat{\mu}) = \frac{V(Z)}{nk^2}$$

其中：

$$V(Z) = V(kX + Y)$$
$$= V(kX) + V(Y)$$
$$= k^2 V(X) + V(Y)$$

所以：

$$V(\hat{\mu}) = \frac{V(Z)}{nk^2}$$
$$= \frac{1}{nk^2}[k^2 V(X) + V(Y)]$$
$$= \frac{1}{n}\Big[V(X) + \frac{V(Y)}{k^2}\Big] \tag{5.2}$$

从第 2 章的讨论可知，本模型比和模型的方差小，且 k 越大，精度越高，跟第 2 章的道理相同，这里加上常数 K 以加强被调查者的合作。$V(\hat{\mu})$ 的一个无偏估计为：

$$v(\hat{\mu}) = \frac{s_z^2}{nk^2}$$

（2）不放回简单随机抽样，即

$$\hat{\mu} = \frac{\bar{z} - EY - K}{k}$$

仍然是 EX 的无偏估计量，且其方差为：

$$V(\hat{\mu}) = \frac{N-n}{N-1}\frac{V(Z)}{nk^2}$$
$$= \frac{N-n}{N-1}\frac{1}{nk^2}[k^2 V(X) + V(Y)]$$
$$= \frac{N-n}{N-1}\frac{1}{n}\Big[V(X) + \frac{V(Y)}{k^2}\Big]$$

$V(\hat{\mu})$ 的一个无偏估计为：

$$v(\hat{\mu}) = \frac{N-n}{N}\frac{s_z^2}{nk^2}$$

2. *EY 未知的情形*

（1）放回简单随机抽样。从总体中以放回简单随机抽样方法抽取两个独立的样本 s_1 和 s_2 ，其样本容量分别为 n_1 和 n_2 ，$n = n_1 + n_2$ 。样本 s_1 对应问卷与前相同，而样本 s_2 回答问卷上非敏感性问题的取值。对第一个样本，记：

$Z = kX + Y + K$ 。于是有 $EZ = kEX + EY + K$ ，所以 $EX = \dfrac{EZ - EY - K}{k}$ 。

记获得的调查数据为 z_1 ，$\cdots$ ，z_{n_1} ，且：

$$\bar{z} = \frac{1}{n_1} \sum_{i=1}^{n_1} z_i$$

$$s_z^2 = \frac{1}{n_1 - 1} \sum_{i=1}^{n_1} (z_i - \bar{z})^2$$

对第二个样本，记获得的调查数据为 y_1 ，$\cdots$ ，y_{n_2} ，且：

$$\bar{y} = \frac{1}{n_2} \sum_{i=1}^{n_2} y_i$$

$$s_y^2 = \frac{1}{n_2 - 1} \sum_{i=1}^{n_2} (y_i - \bar{y})^2$$

则 EX 的一个无偏估计为：

$$\hat{\mu} = \frac{\bar{z} - \bar{y} - K}{k}$$

其方差为：

$$
\begin{aligned}
V(\hat{\mu}) &= \frac{1}{k^2} \big[V(\bar{z}) + V(\bar{y}) \big] \\
&= \frac{1}{k^2} \Big[\frac{V(Z)}{n_1} + \frac{V(Y)}{n_2} \Big] \\
&= \frac{1}{k^2} \Big[\frac{k^2 V(X) + V(Y)}{n_1} + \frac{V(Y)}{n_2} \Big] \\
&= \frac{V(X) + \dfrac{V(Y)}{k^2}}{n_1} + \frac{V(Y)}{n_2 k^2}
\end{aligned}
$$

$V(\hat{\mu})$ 的一个无偏估计为：

$$v(\hat{\mu}) = \frac{1}{k^2}\Big[\frac{s_z^2}{n_1} + \frac{s_y^2}{n_2}\Big]$$

（2）不放回简单随机抽样，即

$$\hat{\mu} = \frac{\bar{z} - \bar{y} - K}{k}$$

仍然是 EX 的无偏估计量，且其方差为：

$$V(\hat{\mu}) = \frac{1}{k^2}\big[V(\bar{z}) + V(\bar{y})\big]$$

$$= \frac{N-n}{N-1}\frac{1}{k^2}\Big[\frac{V(Z)}{n_1} + \frac{V(Y)}{n_2}\Big]$$

$$= \frac{N-n}{N-1}\frac{1}{k^2}\Big[\frac{k^2 V(X) + V(Y)}{n_1} + \frac{V(Y)}{n_2}\Big]$$

$$= \frac{N-n}{N-1}\Big[\frac{V(X) + \dfrac{V(Y)}{k^2}}{n_1} + \frac{V(Y)}{n_2 k^2}\Big]$$

$V(\hat{\mu})$ 的一个无偏估计为：

$$v(\hat{\mu}) = \frac{N-n}{N}\Big[\frac{s_z^2}{n_1} + \frac{s_y^2}{n_2}\Big]$$

5.1.3 积模型

此模型与和模型的实质是一样的，都是用无关的数据来掩饰真实数据。和模型中被调查者最终回答的是非敏感性问题和敏感性问题答案的和，在这个模型中，被调查者最终回答的是非敏感性问题和敏感性问题答案的乘积。

问卷上写两个问题，一个是敏感性问题，另一个是非敏感性问题，两个问题独立。记 X 为敏感性特征变量，其均值为 EX、方差为 $V(X)$，Y 为非敏感性特征变量，其均值为 EY、方差为 $V(Y)$。

1. EY 已知

（1）放回简单随机抽样。从总体中以放回简单随机抽样方法抽取一个样本量为 n 的样本，回答问卷上两个问题的乘积而不是各自的值。

即回答 XY 的取值，记：$Z = XY$。于是有 $EZ = EXEY$，所以 $EX = \dfrac{EZ}{EY}$。

记获得的调查数据为 z_1，$\cdots$，z_n，且：

$$\bar{z} = \frac{1}{n} \sum_{i=1}^{n} z_i$$

$$s_z^2 = \frac{1}{n-1} \sum_{i=1}^{n} (z_i - \bar{z})^2$$

则 EX 的一个无偏估计为：

$$\hat{\mu} = \frac{\overline{Z}}{EY}$$

其方差为：

$$V(\hat{\mu}) = \frac{V(Z)}{n(EY)^2} \tag{5.3}$$

其中：

$$
\begin{aligned}
V(Z) &= EZ^2 - (EZ)^2 \\
&= E(XY)^2 - (EXY)^2 \\
&= EX^2EY^2 - E^2XE^2Y
\end{aligned}
$$

$V(\hat{\mu})$ 的一个无偏估计为：

$$v(\hat{\mu}) = \frac{s_z^2}{n(EY)^2}$$

（2）不放回简单随机抽样，即

$$\hat{\mu} = \frac{\bar{z}}{EY}$$

仍然是 EX 的无偏估计量，且其方差为：

$$
\begin{aligned}
V(\hat{\mu}) &= V\left(\frac{\bar{z}}{EY}\right) \\
&= \frac{N-n}{N-1} \frac{V(Z)}{n(EY)^2} \\
&= \frac{N-n}{N-1} \frac{EX^2EY^2 - E^2XE^2Y}{n(EY)^2}
\end{aligned}
$$

$V(\hat{\mu})$ 的一个无偏估计为:

$$v(\hat{\mu}) = \frac{N-n}{N} \frac{s_z^2}{n\,(EY)^2}$$

2. EY 未知

从总体中以放回简单随机抽样方法抽取两个独立的样本 s_1 和 s_2,其样本容量相同,均为 n。样本 s_1 对应问卷与前相同,而样本 s_2 回答问卷上非敏感性问题的取值。

对第一个样本,记:$Z = XY$。于是有 $EZ = EXEY$,所以 $EX = \dfrac{EZ}{EY}$。

记获得的调查数据为 z_1,$\cdots$,z_n,且:

$$\bar{z} = \frac{1}{n}\sum_{i=1}^{n} z_i$$

$$s_z^2 = \frac{1}{n-1}\sum_{i=1}^{n} (z_i - \bar{z})^2$$

对第二个样本,记获得的调查数据为 y_1,$\cdots$,y_n,且:

$$\bar{y} = \frac{1}{n}\sum_{i=1}^{n} y_i$$

$$s_y^2 = \frac{1}{n-1}\sum_{i=1}^{n} (y_i - \bar{y})^2$$

则当 n 大时,EX 的一个估计为 $\hat{\mu} = \dfrac{\bar{z}}{\bar{y}}$,该估计量是有偏的,但偏倚几乎处处等于零。证明如下:

$$\frac{\bar{z}}{\bar{y}} - \frac{EZ}{EY} = \frac{\bar{z} - \frac{EZ}{EY}\bar{y}}{\bar{y}} \approx \frac{\bar{z} - \frac{EZ}{EY}\bar{y}}{EY}$$

这是因为 $\bar{y}$ 几乎处处收敛于 EY,于是

$$E\left(\frac{\bar{z}}{\bar{y}} - \frac{EZ}{EY}\right) \approx E\left(\frac{\bar{z} - \frac{EZ}{EY}\bar{y}}{EY}\right)$$

$$= \frac{1}{EY}\Big[E(\bar{z}) - \frac{EZ}{EY}E(\bar{y})\Big]$$

$$= \frac{1}{EY}\left(EZ - \frac{EZ}{EY}EY \right)$$

$$= 0$$

所以当 n 大时，$E\left(\frac{\bar{z}}{\bar{y}} \right) \approx \frac{EZ}{EY}$。而此时：

$$V(\hat{\mu}) = V\left(\frac{\bar{z}}{\bar{y}} \right)$$

$$\approx MSE\left(\frac{\bar{z}}{\bar{y}} \right)$$

$$= E\left(\frac{\bar{z}}{\bar{y}} - \frac{EZ}{EY} \right)^2$$

$$\approx \frac{1}{E^2 Y} E\left(\bar{z} - \frac{EZ}{EY}\bar{y} \right)^2$$

对每个总体单元，令 $H_i = Z_i - \frac{EZ}{EY}Y_i$，$i = 1, 2, \cdots, n$，则：

$$\bar{h} = \bar{z} - \frac{EZ}{EY}\bar{y}$$

$$\overline{H} = \overline{Z} - \frac{EZ}{EY}\overline{Y}$$

因而：

$$E\left(\bar{z} - \frac{EZ}{EY}\bar{y} \right)^2 = E(\bar{h}^2)$$

$$= V(\bar{h})$$

$$= \frac{\sum_{i=1}^{N}\left(Z_i - \frac{EZ}{EY}Y_i \right)^2}{nN}$$

所以：

$$V(\hat{\mu}) = V\left(\frac{\bar{z}}{\bar{y}} \right)$$

$$\approx MSE\left(\frac{\bar{z}}{\bar{y}} \right)$$

$$\approx \frac{1}{E^2 Y} \frac{\sum_{i=1}^{N} \left(Z_i - \frac{EZ}{EY} Y_i \right)^2}{nN}$$

当 n 大时，$V(\hat{\mu})$ 的一个估计为：

$$v(\hat{\mu}) = \frac{1}{\bar{y}^2} \frac{\sum_{i=1}^{N} \left(z_i - \frac{\bar{z}}{\bar{y}} y_i \right)^2}{n(n-1)}$$

该估计量是有偏的，但偏倚几乎处处等于零。

5.2 用无关问题替代随机化装置的模型

在这一类模型中，我们使用无关问题或敏感性问题替代随机化装置。

5.2.1 推广无关问题模型

设 X 是敏感性特征变量，其均值是 EX、方差是 $V(X)$。而 U_1 是非敏感性特征变量（令 $U_1 = 1$ 表示具有无关特征 A，$U_1 = 0$ 表示不具有无关特征 A），具有无关特征 A 的人在总体中的比例为 p。U_2 是另一个与 U_1 及 X 都不相关的特征变量，其均值是 EU_2、方差是 $V(U_2)$。估计目标量为 EX。

1. 比例 p 以及均值 EU_2 已知的情形

（1）放回简单随机抽样。从总体中以放回简单随机抽样方法抽取一个样本量为 n 的样本回答下述问卷："你有无关特征 A 吗？如果没有，请如实回答 U_2 的取值；如果有，请如实回答 X 的取值。你的回答是（　　）。"

即被调查者以概率 p 回答敏感性问题，以概率 $1-p$ 回答非敏感性问题。不管被调查者回答的是哪个问题，调查结果都用变量 Y 表示，则有：

$$\begin{aligned}
EY &= EEY \mid U_1 \\
&= E(Y \mid U_1 = 1)P(U_1 = 1) + E(Y \mid U_1 = 0)P(U_1 = 0) \\
&= pEX + (1-p)EU_2
\end{aligned}$$

于是：

$$EX = \frac{1}{p}[EY - (1-p)EU_2]$$

记获得的调查数据为 y_1 ，$\cdots$，y_n ，则：

$$\bar{y} = \frac{1}{n}\sum_{i=1}^{n} y_i$$

$$s_y^2 = \frac{1}{n-1}\sum_{i=1}^{n}(y_i - \bar{y})^2$$

则 EX 的一个无偏估计为：

$$\hat{\mu} = \frac{1}{p}[\bar{y} - (1-p)EU_2]$$

其方差为：

$$V(\hat{\mu}) = \frac{V(Y)}{np^2} \tag{5.4}$$

其中：

$$
\begin{aligned}
V(Y) &= E(V(Y \mid U_1)) + V(E(Y \mid U_1)) \\
&= V(Y \mid U_1 = 1)P(U_1 = 1) + V(Y \mid U_1 = 0)P(U_1 = 0) + \\
&\quad \{E(Y \mid U_1 = 1) - [pEX + (1-p)EU_2]\}^2 P(U_1 = 1) + \\
&\quad \{E(Y \mid U_1 = 0) - [pEX + (1-p)EU_2]\}^2 P(U_1 = 0) \\
&= pV(X) + (1-p)V(U_2) + \{EX - [pEX + (1-p)EU_2]\}^2 p + \\
&\quad \{EU_2 - [pEX + (1-p)EU_2]\}^2 (1-p) \\
&= pV(X) + (1-p)V(U_2) + p(1-p)(EX - EU_2)^2
\end{aligned}
$$

$V(\hat{\mu})$ 的一个无偏估计为：

$$v(\hat{\mu}) = \frac{s_y^2}{np^2}$$

（2）不放回简单随机抽样，即

$$\hat{\mu} = \frac{1}{p}[\bar{y} - (1-p)EU_2]$$

仍然是 EX 的无偏估计量，且其方差为：

$$V(\hat{\mu}) = \frac{N-n}{N-1}\frac{V(Y)}{np^2}$$

$$= \frac{N-n}{N-1}\frac{pV(X)+(1-p)V(U_2)+p(1-p)(EX-EU_2)^2}{np^2}$$

$V(\hat{\mu})$ 的一个无偏估计为：

$$v(\hat{\mu}) = \frac{N-n}{N}\frac{s_y^2}{np^2}$$

2. 比例 p 已知但均值 EU_2 未知的情形

（1）放回简单随机抽样。考虑两个独立的放回简单随机样本 s_1 和 s_2，其样本容量分别为 n_1 和 n_2，$n=n_1+n_2$。样本 s_1 对应问卷同前，而样本 s_2 对应直接问卷："请如实回答 U_2 的取值，你的回答是（　　）。"

即第二个样本所采取的装置不是随机化装置，而是直接回答装置，作用只是为了估计 EU_2 大小。令 $\bar{y}_1$、$\bar{y}_2$ 分别表示第一个样本和第二个样本的样本均值，则 EU_2 的无偏估计为 $\bar{y}_2$，从而 EX 的一个无偏估计为：

$$\hat{\mu} = \frac{1}{p}[\bar{y}_1 - (1-p)\bar{y}_2]$$

其方差为：

$$V(\hat{\mu}) = \frac{V(\bar{y}_1)+(1-p)^2V(\bar{y}_2)}{p^2}$$

$$= \frac{V(Y_1)}{n_1p^2} + \frac{(1-p)^2V(Y_2)}{n_2p^2}$$

其中：

$$V(Y_1) = pV(X)+(1-p)V(U_2)+p(1-p)(EX-EU_2)^2$$
$$V(Y_2) = V(U_2)$$

$V(\hat{\mu})$ 的一个无偏估计为：

$$v(\hat{\mu}) = \frac{s_{y_1}^2}{n_1p^2} + \frac{(1-p)^2s_{y_2}^2}{n_2p^2}$$

（2）不放回简单随机抽样，即

$$\hat{\mu} = \frac{1}{p}[\bar{y}_1 - (1-p)\bar{y}_2]$$

仍然是 EX 的无偏估计量，且其方差为：

$$V(\hat{\mu}) = \frac{V(\bar{y}_1) + (1-p)^2 V(\bar{y}_2)}{p^2}$$

$$= \frac{N-n_1}{N-1}\frac{V(Y_1)}{n_1 p^2} + \frac{N-n_2}{N-1}\frac{(1-p)^2 V(Y_2)}{n_2 p^2}$$

其中：

$$V(Y_1) = pV(X) + (1-p)V(U_2) + p(1-p)(EX - EU_2)^2$$

$$V(Y_2) = V(U_2)$$

$V(\hat{\mu})$ 的一个无偏估计为：

$$v(\hat{\mu}) = \frac{N-n_1}{N}\frac{s_{y_1}^2}{n_1 p^2} + \frac{N-n_2}{N}\frac{(1-p)^2 s_{y_2}^2}{n_2 p^2}$$

3. 比例 p 以及均值 EU_2 未知的情形

从总体中以放回简单随机抽样方法抽取三个相互独立的样本 s_1、s_2 和 s_3，其样本容量分别为 n_1、n_2 和 n_3，$n = n_1 + n_2 + n_3$。样本 s_1 和 s_2 对应问卷与上一种情形相同，而样本 s_3 对应直接问卷："你有无关特征 A 吗？如果有，请回答'是'，否则请回答'否'。你的回答是（　　）。"

即第三个样本所采取的装置也不是随机化装置，而是直接回答装置，作用只是为了估计 $P(U_1 = 1)$ 的大小。令 m_3 表示第三个样本 s_3 中回答"是"的人数，则 $\hat{p} = \frac{m_3}{n_3}$ 是 $P(U_1 = 1)$ 的无偏估计，其他符号同上一种情形，则：

$$\hat{\mu} = \frac{1}{\hat{p}}[\bar{y}_1 - (1-\hat{p})\bar{y}_2]$$

$\hat{\mu}$ 是 $EX = \frac{1}{p}[EY_1 - (1-p)EU_2]$ 的一个有偏估计，但偏倚几乎处处等于零。证明过程如下：

证明：由于

$$E(\hat{p}) = p \neq 0$$

$$\frac{1}{\hat{p}} = \frac{1}{p} + \left(\frac{1}{p}\right)'(\hat{p} - p) + 余项$$

当 $\hat{p} \to p$ 时，余项 $\to 0$ ，而 $\hat{p}$ 几乎处处收敛于 p ，因此余项几乎处处收敛于 0，故：

$$E\left(\frac{1}{\hat{p}}\right) \approx E\left[\frac{1}{p} + \left(\frac{1}{p}\right)'(\hat{p} - p)\right]$$

$$= E\left(\frac{1}{p}\right) + 0$$

$$= \frac{1}{p}$$

又

$$\hat{\mu} = \frac{1}{\hat{p}}[\bar{y}_1 - (1 - \hat{p})\bar{y}_2]$$

$$= \frac{\bar{y}_1}{\hat{p}} - \bar{y}_2\frac{1 - \hat{p}}{\hat{p}}$$

$$= \frac{\bar{y}_1}{\hat{p}} - \bar{y}_2\left(\frac{1}{\hat{p}} - 1\right)$$

所以：

$$E\hat{\mu} = E\left[\frac{\bar{y}_1}{\hat{p}} - \bar{y}_2\left(\frac{1}{\hat{p}} - 1\right)\right]$$

$$= E\left(\frac{\bar{y}_1}{\hat{p}}\right) - E\left[\bar{y}_2\left(\frac{1}{\hat{p}} - 1\right)\right]$$

$$= E\left(\frac{1}{\hat{p}}\right)E(\bar{y}_1) - E(\bar{y}_2)\left[E\left(\frac{1}{\hat{p}}\right) - 1\right]$$

$$\approx \frac{1}{p}(EY_1) - (EU_2)\left(\frac{1}{P} - 1\right)$$

$$= \frac{1}{p}[EY_1 - (1 - p)EU_2]$$

$$= EX$$

同理，由一阶台劳展开公式得到：

$$V(\hat{\mu}) = V\left[\frac{\bar{y}_1 - (1 - \hat{p})\bar{y}_2}{\hat{p}}\right]$$

$$\approx \frac{V(\bar{y}_1 - (1 - \hat{p})\bar{y}_2)}{E^2\hat{p}} + \frac{E^2[\bar{y}_1 - (1 - \hat{p})\bar{y}_2]}{E^4\hat{p}}V(\hat{p}) -$$

$$2\frac{E[\bar{y}_1 - (1 - \hat{p})\bar{y}_2]}{E^3\hat{p}}\mathrm{cov}[\bar{y}_1 - (1 - \hat{p})\bar{y}_2, \hat{p}]$$

$$= \left\{\frac{E[\bar{y}_1 - (1 - \hat{p})\bar{y}_2]}{E\hat{p}}\right\}^2 \left\{\frac{V[\bar{y}_1 - (1 - \hat{p})\bar{y}_2]}{E^2[\bar{y}_1 - (1 - \hat{p})\bar{y}_2]} + \frac{V(\hat{p})}{E^2\hat{p}} -\right.$$

$$\left. 2\frac{\mathrm{cov}[\bar{y}_1 - (1 - \hat{p})\bar{y}_2, \hat{p}]}{E[\bar{y}_1 - (1 - \hat{p})\bar{y}_2]E\hat{p}}\right\}$$

则：

$$E[\bar{y}_1 - (1 - \hat{p})\bar{y}_2] = EY_1 - (1 - p)EU_2$$

$$E\hat{p} = p$$

$$\mathrm{cov}[\bar{y}_1 - (1 - \hat{p})\bar{y}_2, \hat{p}] = \mathrm{cov}(\bar{y}_1 - \bar{y}_2 + \hat{p}\bar{y}_2, \hat{p})$$

$$= \mathrm{cov}(\hat{p}\bar{y}_2, \hat{p})$$

$$= E(\hat{p}^2\bar{y}_2) - E(\hat{p})E(\hat{p}\bar{y}_2)$$

$$= EU_2[V(\hat{p}) + p^2] - p^2EU_2$$

$$= EU_2V(\hat{p})$$

$$V[\bar{y}_1 - (1 - \hat{p})\bar{y}_2] = V(\bar{y}_1) + V(\bar{y}_2) + V(\hat{p}\bar{y}_2) - 2\mathrm{cov}(\bar{y}_2, \hat{p}\bar{y}_2)$$

$$= V(\bar{y}_1) + V(\bar{y}_2) + E(\hat{p}\bar{y}_2)^2 - [E(\hat{p}\bar{y}_2)]^2 -$$

$$2[E(\hat{p}\bar{y}_2^2) - E(\bar{y}_2)E(\hat{p}\bar{y}_2)]$$

$$= V(\bar{y}_1) + V(\bar{y}_2) + [V(\hat{p}) + p^2][V(\bar{y}_2) + (EU_2)^2] -$$

$$(pEU_2)^2 - 2\{p[V(\bar{y}_2) + (EU_2)^2] - E(\bar{y}_2)E(\hat{p}\bar{y}_2)\}$$

$$= V(\bar{y}_1) + (1-p)^2 V(\bar{y}_2) + [V(\bar{y}_2) + (EU_2)^2] V(\hat{p})$$

所以：

$$V(\hat{\mu}) \approx \left[\frac{EY_1 - (1-p)EU_2}{p}\right]^2 \left\{ \frac{V(\bar{y}_1) + (p-1)^2 V(\bar{y}_2) + [V(\bar{y}_2) + (EU_2)^2] V(\hat{p})}{[EY_1 - (1-p)EU_2]^2} + \right.$$

$$\left. \frac{V(\hat{p})}{p^2} - \frac{2(EU_2)V(\hat{p})}{p[EY_1 - (1-p)EU_2]} \right\}$$

其中：

$$V(\bar{y}_1) = \frac{V(Y_1)}{n_1}$$

$$V(\bar{y}_2) = \frac{V(Y_2)}{n_2}$$

$$V(Y_1) = pV(X) + (1-p)V(U_2) + p(1-p)(EX - EU_2)^2$$

$$V(Y_2) = V(U_2)$$

$$V(\hat{p}) = \frac{p(1-p)}{n_3}$$

5.2.2 改进和模型

在和模型中，由于所有回答都引入了与调查问题无关的变量，浪费了样本的信息，为提高估计量的精度，我们让无关变量仅以一定的概率影响被调查者的回答。

此外，相对于无关问题模型的改进模型，本模型操作更简便，其估计量的形式更简单，估计量的方差计算也更容易。

设 X 是敏感性特征变量，其均值是 EX、方差是 $V(X)$。而 U_1 是非敏感性特征变量（令 $U_1 = 1$ 表示具有无关特征 A，$U_1 = 0$ 表示不具有无关特征 A），具有无关特征 A 的人在总体中的比例为 p。Y 是另一个与 U_1 及 X 都不相关的特征变量，其均值是 EY、方差是 $V(Y)$。估计目标量为 EX。

1. 比例 p 以及均值 EY 已知的情形

（1）放回简单随机抽样。从总体中以放回简单随机抽样方法抽取一个样

本量为 n 的样本回答下述问卷："你有无关特征 A 吗？如果有，请如实回答 $X + EY$ 的取值；如果没有，请如实回答 $X + Y$ 的取值。你的回答是（　　）。"

仅有 $1 - p$ 的概率引入无关变量 Y，不管被调查者回答的是哪个问题，调查结果都用变量 Z 表示，即

$$Z = \begin{cases} X + EY, & p \\ X + Y, & 1 - p \end{cases}$$

于是有：

$$\begin{aligned} EZ &= EEZ \mid U_1 \\ &= E(Z \mid U_1 = 1)P(U_1 = 1) + E(Z \mid U_1 = 0)P(U_1 = 0) \\ &= pE(X + EY) + (1 - p)E(X + Y) \\ &= p(EX + EY) + (1 - p)(EX + EY) \\ &= EX + EY \end{aligned}$$

所以 $EX = EZ - EY$，记获得的调查数据为 $z_1, \cdots, z_n$，且：

$$\bar{z} = \frac{1}{n} \sum_{i=1}^{n} z_i$$

$$s_z^2 = \frac{1}{n-1} \sum_{i=1}^{n} (z_i - \bar{z})^2$$

则 EX 的一个无偏估计为：

$$\hat{\mu} = \bar{z} - EY$$

其方差为：

$$V(\hat{\mu}) = \frac{V(Z)}{n} \tag{5.5}$$

其中：

$$\begin{aligned} V(Z) &= EZ^2 - (EZ)^2 \\ &= [pE(X + EY)^2 + (1 - p)E(X + Y)^2] - (EX + EY)^2 \\ &= [pE(X^2 + XEY + E^2Y) + (1 - p)E(X^2 + XY + Y^2)] - \\ &\quad (E^2X + EXEY + E^2Y) \\ &= V(X) + (1 - p)V(Y) \end{aligned}$$

比较式（5.1）和式（5.5）可知，本模型比和模型的精度更高。此外，通过比较式（5.2）和式（5.5），我们知道一般情况下为了使最后回答包含更多与敏感性问题有关的信息，$1 - p > \dfrac{1}{k^2}$ 是成立的，因此，倍数回答模型的精度比此模型高。$V(\hat{\mu})$ 的一个无偏估计为：$v(\hat{\mu}) = \dfrac{s_z^2}{n}$。

（2）不放回简单随机抽样，即

$$\hat{\mu} = \bar{z} - EY$$

仍然是 EX 的无偏估计量，且其方差为：

$$V(\hat{\mu}) = \frac{N - n}{N - 1} \frac{V(Z)}{n}$$

$$= \frac{N - n}{N - 1} [V(X) + (1 - p)V(Y)]$$

$V(\hat{\mu})$ 的一个无偏估计为：

$$v(\hat{\mu}) = \frac{N - n}{N} \frac{s_z^2}{n}$$

2. 比例 p 已知但均值 EY 未知的情形

（1）放回简单随机抽样。考虑两个独立的放回简单随机样本 s_1 和 s_2，其样本容量分别为 n_1 和 n_2，$n = n_1 + n_2$。样本 s_1 对应问卷与前同，而样本 s_2 对应直接问卷："请如实回答 Y 的取值，你的回答是（　）。"

即第二个样本所采取的装置不是随机化装置，而是直接回答装置，作用只是为了估计 EY 的大小。同样有：

$$EZ = pE(X + EY) + (1 - p)E(X + Y)$$

$$= p(EX + EY) + (1 - p)(EX + EY)$$

$$= EX + EY$$

于是 $EX = EZ - EY$。对第一个样本，记获得的调查数据为 z_1，…，z_{n_1}，且：

$$\bar{z} = \frac{1}{n_1}\sum_{i=1}^{n_1} z_i$$

$$s_z^2 = \frac{1}{n_1 - 1}\sum_{i=1}^{n_1}(z_i - \bar{z})^2$$

对第二个样本，记获得的调查数据为 y_1，$\cdots$，y_{n_2}，且：

$$\bar{y} = \frac{1}{n_2}\sum_{i=1}^{n_2} y_i$$

$$s_y^2 = \frac{1}{n_2 - 1}\sum_{i=1}^{n_2}(y_i - \bar{y})^2$$

则 EX 的一个无偏估计为：

$$\hat{\mu} = \bar{z} - \bar{y}$$

其方差为：

$$V(\hat{\mu}) = V(\bar{z}) + V(\bar{y})$$
$$= \frac{V(Z)}{n_1} + \frac{V(Y)}{n_2}$$
$$= \frac{V(X) + (1-p)V(Y)}{n_1} + \frac{V(Y)}{n_2}$$

$V(\hat{\mu})$ 的一个无偏估计为：

$$v(\hat{\mu}) = \frac{s_z^2}{n_1} + \frac{s_y^2}{n_2}$$

（2）不放回简单随机抽样，即

$$\hat{\mu} = \bar{z} - \bar{y}$$

仍然是 EX 的无偏估计量，且其方差为：

$$V(\hat{\mu}) = V(\bar{z}) + V(\bar{y})$$
$$= \frac{N-n}{N-1}\Big[\frac{V(Z)}{n_1} + \frac{V(Y)}{n_2}\Big]$$
$$= \frac{N-n}{N-1}\Big[\frac{V(X) + (1-p)V(Y)}{n_1} + \frac{V(Y)}{n_2}\Big]$$

$V(\hat{\mu})$ 的一个无偏估计为：

$$v(\hat{\mu}) = \frac{N-n}{N}\Big[\frac{s_z^2}{n_1} + \frac{s_y^2}{n_2}\Big]$$

3. 比例 p 以及均值 EY 未知的情形

（1）放回简单随机抽样。从接下来的分析可知，EX 与 p 无关。因此，这种情况的问卷可与上一种情形相同。同样有：

$$EZ = pE(X + EY) + (1-p)E(X + Y)$$
$$= p(EX + EY) + (1-p)(EX + EY)$$
$$= EX + EY$$

于是 $EX = EZ - EY$。即 EX 与 p 无关。

对第一个样本，记获得的调查数据为 $z_1 , \cdots , z_{n_1}$ ，且：

$$\bar{z} = \frac{1}{n_1}\sum_{i=1}^{n_1} z_i$$

$$s_z^2 = \frac{1}{n_1 - 1}\sum_{i=1}^{n_1} (z_i - \bar{z})^2$$

对第二个样本，记获得的调查数据为 $y_1 , \cdots , y_{n_2}$ ，且：

$$\bar{y} = \frac{1}{n_2}\sum_{i=1}^{n_2} y_i$$

$$s_y^2 = \frac{1}{n_2 - 1}\sum_{i=1}^{n_2} (y_i - \bar{y})^2$$

则 EX 的一个无偏估计为：

$$\hat{\mu} = \bar{z} - \bar{y}$$

其方差为：

$$V(\hat{\mu}) = V(\bar{z}) + V(\bar{y})$$
$$= \frac{V(Z)}{n_1} + \frac{V(Y)}{n_2}$$
$$= \frac{V(X) + (1-p)V(Y)}{n_1} + \frac{V(Y)}{n_2}$$

$V(\hat{\mu})$ 的一个无偏估计为：

$$v(\hat{\mu}) = \frac{s_z^2}{n_1} + \frac{s_y^2}{n_2}$$

（2）不放回简单随机抽样，即

$$\hat{\mu} = \bar{z} - \bar{y}$$

仍然是 EX 的无偏估计量，且其方差为：

$$V(\hat{\mu}) = V(\bar{z}) + V(\bar{y})$$

$$= \frac{N-n}{N-1}\Big[\frac{V(Z)}{n_1} + \frac{V(Y)}{n_2}\Big]$$

$$= \frac{N-n}{N-1}\Big[\frac{V(X) + (1-p)V(Y)}{n_1} + \frac{V(Y)}{n_2}\Big]$$

$V(\hat{\mu})$ 的一个无偏估计为：

$$v(\hat{\mu}) = \frac{N-n}{N}\Big[\frac{s_z^2}{n_1} + \frac{s_y^2}{n_2}\Big]$$

5.2.3 改进积模型

类似于上一个模型，我们使积模型中的无关变量仅以一定的概率影响被调查者的回答，得到精度更高的估计量。

设 X 是敏感性特征变量，其均值是 EX、方差是 $V(X)$。而 U_1 是非敏感性特征变量（令 $U_1 = 1$ 表示具有无关特征 A，$U_1 = 0$ 表示不具有无关特征 A），具有无关特征 A 的人在总体中的比例为 p。Y 是另一个与 U_1 及 X 都不相关的特征变量，其均值是 EY、方差是 $V(Y)$。估计目标量为 EX。

1. 比例 p 以及均值 EY 已知的情形

（1）放回简单随机抽样。从总体中以放回简单随机抽样方法抽取一个样本量为 n 的样本回答下述问卷："你有无关特征 A 吗？如果有，请如实回答 XEY 的取值；如果没有，请如实回答 XY 的取值。你的回答是（　）。"

仅有 $1-p$ 的概率引入无关变量 Y，不管被调查者回答的是哪个问题，调查结果都用变量 Z 表示，即

$$Z = \begin{cases} XEY \ , \ p \\ XY \ , \ 1 - p \end{cases}$$

于是有：

$$EZ = EEZ \mid U_1$$

$$= E(Z \mid U_1 = 1)P(U_1 = 1) + E(Z \mid U_1 = 0)P(U_1 = 0)$$

$$= pE(XEY) + (1 - p)EXY$$

$$= pEXEY + (1 - p)EXEY$$

$$= EXEY$$

因而 $EX = \dfrac{EZ}{EY}$。

记获得的调查数据为 z_1，$\cdots$，z_n，且：

$$\bar{z} = \frac{1}{n}\sum_{i=1}^{n} z_i$$

$$s_z^2 = \frac{1}{n-1}\sum_{i=1}^{n}(z_i - \bar{z})^2$$

则 EX 的一个无偏估计为：

$$\hat{\mu} = \frac{\bar{z}}{EY}$$

其方差为：

$$V(\hat{\mu}) = \frac{V(Z)}{n(EY)^2} \qquad (5.6)$$

其中：

$$V(Z) = EZ^2 - (EZ)^2$$

$$= pE(X^2E^2Y) + (1 - p)EX^2Y^2 - (EXEY)^2$$

$$= pEX^2E^2Y + (1 - p)EX^2EY^2 - E^2XE^2Y$$

比较式（5.3）和式（5.6）可知，由于：

$$pEX^2E^2Y + (1 - p)EX^2EY^2 - E^2XE^2Y < EX^2EY^2 - E^2XE^2Y$$

$$\Leftrightarrow E^2Y < EY^2$$

$$\Leftrightarrow V(Y) > 0$$

本模型比积模型的精度更高。$V(\hat{\mu})$ 的一个无偏估计为：

$$v(\hat{\mu}) = \frac{s_z^2}{n\,(EY)^2}$$

（2）不放回简单随机抽样，即

$$\hat{\mu} = \frac{\bar{z}}{EY}$$

仍然是 EX 的无偏估计量，且其方差为：

$$V(\hat{\mu}) = V(\frac{\bar{z}}{EY})$$

$$= \frac{N-n}{N-1}\frac{V(Z)}{n\,(EY)^2}$$

$$= \frac{N-n}{N-1}\frac{pEX^2E^2Y + (1-p)EX^2EY^2 - E^2XE^2Y}{n\,(EY)^2}$$

$V(\hat{\mu})$ 的一个无偏估计为：

$$v(\hat{\mu}) = \frac{N-n}{N}\frac{s_z^2}{n\,(EY)^2}$$

2. 比例 p 已知但均值 EY 未知的情形

考虑两个独立的放回简单随机样本 s_1 和 s_2，其样本容量相同，均为 n，样本 s_1 对应问卷与前相同，而样本 s_2 对应直接问卷："请如实回答 Y 的取值，你的回答是（　）。"

即第二个样本所采取的装置不是随机化装置，而是直接回答装置，作用只是为了估计 EY 的大小。

对第一个样本，记：

$$Z = \begin{cases} XEY\,, & p \\ XY\,, & 1-p \end{cases}$$

于是有：

$$EZ = EEZ \mid U_1$$

$$= E(Z \mid U_1 = 1)P(U_1 = 1) + E(Z \mid U_1 = 0)P(U_1 = 0)$$

$$= pE(XEY) + (1-p)EXY$$

$$= pEXEY + (1 - p)EXEY$$

$$= EXEY$$

因而，$EX = \dfrac{EZ}{EY}$。

记获得的调查数据为 z_1，$\cdots$，z_n，且：

$$\bar{z} = \frac{1}{n}\sum_{i=1}^{n}z_i$$

$$s_z^2 = \frac{1}{n-1}\sum_{i=1}^{n}(z_i - \bar{z})^2$$

对第二个样本，记获得的调查数据为 y_1，$\cdots$，y_n，且：

$$\bar{y} = \frac{1}{n}\sum_{i=1}^{n}y_i$$

$$s_y^2 = \frac{1}{n-1}\sum_{i=1}^{n}(y_i - \bar{y})^2$$

则当 n 大时，EX 的一个估计为：$\hat{\mu} = \dfrac{\bar{z}}{\bar{y}}$。该估计量是有偏的，但偏倚几乎处处等于零。证明如下：

$$\frac{\bar{z}}{\bar{y}} - \frac{EZ}{EY} = \frac{\bar{z} - \dfrac{EZ}{EY}\bar{y}}{\bar{y}} \approx \frac{\bar{z} - \dfrac{EZ}{EY}\bar{y}}{EY}$$

这是因为 $\bar{y}$ 几乎处处收敛于 EY。于是：

$$E\left(\frac{\bar{z}}{\bar{y}} - \frac{EZ}{EY}\right) \approx E\left(\frac{\bar{z} - \dfrac{EZ}{EY}\bar{y}}{EY}\right)$$

$$= \frac{1}{EY}\left[E(\bar{z}) - \frac{EZ}{EY}E(\bar{y})\right]$$

$$= \frac{1}{EY}\left(EZ - \frac{EZ}{EY}EY\right)$$

$$= 0$$

所以当 n 大时，$E\left(\dfrac{\bar{z}}{\bar{y}}\right) \approx \dfrac{EZ}{EY}$。而此时：

$$
\begin{aligned}
V(\hat{\mu}) &= V\left(\frac{\bar{z}}{\bar{y}}\right) \\
&\approx MSE\left(\frac{\bar{z}}{\bar{y}}\right) \\
&= E\left(\frac{\bar{z}}{\bar{y}} - \frac{EZ}{EY}\right)^2 \\
&\approx \frac{1}{E^2 Y} E\left(\bar{z} - \frac{EZ}{EY}\bar{y}\right)^2
\end{aligned}
$$

对每个总体单元，令 $H_i = Z_i - \dfrac{EZ}{EY}Y_i$，$i = 1, 2, \cdots, N$。则：

$$
\bar{h} = \bar{z} - \frac{EZ}{EY}\bar{y}
$$

$$
\overline{H} = \overline{Z} - \frac{EZ}{EY}\overline{Y}
$$

因而：

$$
\begin{aligned}
E\left(\bar{z} - \frac{EZ}{EY}\bar{y}\right)^2 &= E(\bar{h}^2) \\
&= V(\bar{h}) \\
&= \frac{\sum_{i=1}^{N}\left(Z_i - \frac{EZ}{EY}Y_i\right)^2}{nN}
\end{aligned}
$$

所以：

$$
\begin{aligned}
V(\hat{\mu}) &= V\left(\frac{\bar{z}}{\bar{y}}\right) \\
&\approx MSE\left(\frac{\bar{z}}{\bar{y}}\right) \\
&\approx \frac{1}{E^2 Y}\frac{\sum_{i=1}^{N}\left(Z_i - \frac{EZ}{EY}Y_i\right)^2}{nN}
\end{aligned}
$$

当 n 大时，$V(\hat{\mu})$ 的一个估计为：

$$v(\hat{\mu}) = \frac{1}{\bar{y}^2} \frac{\sum\limits_{i=1}^{N} \left(z_i - \frac{\bar{z}}{\bar{y}} y_i\right)^2}{n(n-1)}$$

该估计量是有偏的，但偏倚几乎处处等于零。

3. 比例 p 以及均值 EY 未知的情形

从接下来的分析可知，EX 与 p 无关。因此，这种情况的问卷可与上一种情形相同。

对第一个样本，记：

$$Z = \begin{cases} XEY, & p \\ XY, & 1-p \end{cases}$$

于是有：

$$\begin{aligned}
EZ &= EEZ \mid U_1 \\
&= E(Z \mid U_1 = 1) P(U_1 = 1) + E(Z \mid U_1 = 0) P(U_1 = 0) \\
&= pE(XEY) + (1-p)EXY \\
&= pEXEY + (1-p)EXEY \\
&= EXEY
\end{aligned}$$

因而，$EX = \dfrac{EZ}{EY}$。即 EX 与 p 无关。

记获得的调查数据为 $z_1, \cdots, z_n$，且：

$$\bar{z} = \frac{1}{n} \sum_{i=1}^{n} z_i$$

$$s_z^2 = \frac{1}{n-1} \sum_{i=1}^{n} (z_i - \bar{z})^2$$

对第二个样本，记获得的调查数据为 $y_1, \cdots, y_n$，且：

$$\bar{y} = \frac{1}{n} \sum_{i=1}^{n} y_i$$

$$s_y^2 = \frac{1}{n-1} \sum_{i=1}^{n} (y_i - \bar{y})^2$$

则当 n 大时, EX 的一个估计为 $\hat{\mu} = \dfrac{\bar{z}}{\bar{y}}$, 该估计量是有偏的, 但偏倚几乎处处等于零。证明如下:

$$\frac{\bar{z}}{\bar{y}} - \frac{EZ}{EY} = \frac{\bar{z} - \dfrac{EZ}{EY}\bar{y}}{\bar{y}} \approx \frac{\bar{z} - \dfrac{EZ}{EY}\bar{y}}{EY}$$

这是因为 $\bar{y}$ 几乎处处收敛于 EY , 于是:

$$E\left(\frac{\bar{z}}{\bar{y}} - \frac{EZ}{EY} \right) \approx E\left(\frac{\bar{z} - \dfrac{EZ}{EY}\bar{y}}{EY} \right)$$

$$= \frac{1}{EY}\left[E(\bar{z}) - \frac{EZ}{EY}E(\bar{y}) \right]$$

$$= \frac{1}{EY}\left(EZ - \frac{EZ}{EY}EY \right)$$

$$= 0$$

所以当 n 大时, $E\left(\dfrac{\bar{z}}{\bar{y}} \right) \approx \dfrac{EZ}{EY}$ 。而此时:

$$V(\hat{\mu}) = V\left(\frac{\bar{z}}{\bar{y}} \right)$$

$$\approx MSE\left(\frac{\bar{z}}{\bar{y}} \right)$$

$$= E\left(\frac{\bar{z}}{\bar{y}} - \frac{EZ}{EY} \right)^2$$

$$\approx \frac{1}{E^2Y}E\left(\bar{z} - \frac{EZ}{EY}\bar{y} \right)^2$$

对每个总体单元, 令 $H_i = Z_i - \dfrac{EZ}{EY}Y_i$, $i = 1, 2, \cdots, N$ 。则:

$$\bar{h} = \bar{z} - \frac{EZ}{EY}\bar{y},$$

$$\bar{H} = \bar{Z} - \frac{EZ}{EY}\bar{Y},$$

因而：

$$E\left(\bar{z} - \frac{EZ}{EY}\bar{y}\right)^2 = E(\bar{h}^2) = V(\bar{h})$$

$$= \frac{\sum\limits_{i=1}^{N}\left(Z_i - \frac{EZ}{EY}Y_i\right)^2}{nN}$$

所以：

$$V(\hat{\mu}) = V\left(\frac{\bar{z}}{\bar{y}}\right)$$

$$\approx MSE\left(\frac{\bar{z}}{\bar{y}}\right)$$

$$\approx \frac{1}{E^2Y}\frac{\sum\limits_{i=1}^{N}\left(Z_i - \frac{EZ}{EY}Y_i\right)^2}{nN}$$

当 n 大时，$V(\hat{\mu})$ 的一个估计为：

$$v(\hat{\mu}) = \frac{1}{\bar{y}^2}\frac{\sum\limits_{i=1}^{N}\left(z_i - \frac{\bar{z}}{\bar{y}}y_i\right)^2}{n(n-1)}$$

该估计量是有偏的，但偏倚几乎处处等于零。

6 应用研究

由于本书所提调查方法不需要使用随机化装置，因此可以对敏感性问题进行网络调查，而微信是当下发展最快的新媒体形式，已经广泛地进入我们的生活。它具有传播速度快及传播范围广、无可替代的便捷性与及时性、传播效果更加明显化和丰富化的特点。因此，微信的传播日益成为网络调查的重要渠道，微信在网络调查中已经有了深度的应用。

通过微信对敏感性问题进行网络调查具有传统调查方式无法达到的一些优点：①一方面微信调查组织简单，不需要派出调查者，不受距离和天气限制，不需要印刷调查问卷，费用低廉；另一方面，回答问题的方式和获取数据的方式简单，无须人工收集整理。②与现场调查相比，在微信调查中被调查者无须面对任何人，不如实回答的情况相应减少，调查的可靠性大大提高。③数据收集范围比较广，只要是手机用户，都可以接受调查，即使是远在千里之外也毫无障碍。④敏感性问题调查的关键在于得到被调查者的合作，获得真实回答。微信两端的被调查者与调查者互不相见，匿名性强，保护了被调查者的隐私，从而有利于提高合作度。⑤在大数据时代，多达几亿的微信用户群体是不可忽视的重要统计抽样样本。微信调查简单快捷，其结果容易保存和查阅，适合当今大数据时代的发展要求。

微信调查也有不尽如人意的地方：①样本代表性问题。微信调查的被调查者局限于微信使用者，不具有总体代表性。微信使用者分布不平衡，这样就造成样本的选择具有很大的局限性。②样本背景信息难以得到。③不方便进行概率抽样，难以计算和控制抽样误差，难以保证推断的准确性和可靠性。解决样本代表性的问题，是微信调查需要攻克的难题。

分层抽样组织管理比较方便，且分层样本在总体中的分布比较均匀，其最重要的优点是能够较大程度地减少抽样误差。整群抽样的抽样框要求简单，调查单位相对集中，调查成本低、调查效率高。

定性敏感性问题替代装置简化模型和定量敏感性问题倍数回答模型，其精度较高，操作简便。下面分别对这两种方法的分层整群抽样调查方法进行设计，推导出两个模型在分层整群抽样下的总体比例和均值的估计量，以及估计量的方差和方差的估计量的计算公式，并应用这些公式对某大学的作弊情况进行调查。

6.1 定性敏感性问题替代装置简化模型的分层整群抽样

定性敏感性问题替代装置简化模型的改编模型的分层整群抽样可按如下步骤进行：第一步，将总体按某个特征进行分层；第二步，将各层划分成若干群（初级单元），每个群由次级单元组成；第三步，每层随机抽取一部分群；第四步，对每个被抽中群的全部次级单元采用定性敏感性问题替代装置简化模型的改编模型进行二分类敏感性问题调查。

设总体分为 L 层，假设第 h 层的群数为 N_h，N 为总体中的单元数，h 层中总体第 i 个群的大小为 M_{hi}，从 $h(h = 1, \cdots, L)$ 层中按简单随机抽样方法抽取 n_h 个群，n 为总样本单元数，以 $A_{hi}(a_{hi})$、$\pi_{Ahi}(\hat{\pi}_{Ahi})$ 分别记总体（样本）h 层中第 i 个群具有敏感性特征 A 的人数及其比例，h 层样本群大小为 m_{hi}，则当 n 大时，h 层总体比例的近似无偏估计量为：

$$\hat{\pi}_{Ah} = \frac{\sum_{i=1}^{n_h} a_{hi}}{\sum_{i=1}^{n_h} m_{hi}} \tag{6.1}$$

其近似方差为：

$$V(\hat{\pi}_{Ah}) \approx \frac{1-f}{n_h \bar{M}_h^2} \frac{\sum\limits_{i=1}^{N_h} (A_{hi} - \pi_{Ah} M_{hi})^2}{N_h - 1}$$

$$= \frac{1-f}{n_h \bar{M}_h^2} \frac{\sum\limits_{i=1}^{N_h} M_{hi}^2 (\pi_{Ahi} - \pi_{Ah})^2}{N_h - 1} \tag{6.2}$$

其中 $\bar{M}_h = \frac{1}{N_h} \sum\limits_{i=1}^{N_h} M_{hi}$ 是 h 层中总体群的平均大小。

而对于 h 层中第 i 个群中任意一个被调查者，回答为"是"的概率为：

$$P(是) = \pi_{Ahi} + (1 - \pi_{Ahi}) \pi_{Bhi}$$

这里假设 π_B 已知，否则可用第二章的方法得到 $\hat{\pi}_B$ 的估计值。从而：

$$\pi_{Ahi} = \frac{P(是) - \pi_{Bhi}}{1 - \pi_{Bhi}}$$

设 h 层中第 i 个群 m_{hi} 个被调查者中有 l_{hi} 个回答"是"，则 π_{Ahi} 的一个无偏估计为：

$$\hat{\pi}_{Ahi} = \frac{\dfrac{l_{hi}}{m_{hi}} - \pi_{Bhi}}{1 - \pi_{Bhi}} \tag{6.3}$$

而 $a_{hi} = m_{hi} \cdot \hat{\pi}_{Ahi}$，则 $V(\hat{\pi}_{Ah})$ 的估计可表示为：

$$v(\hat{\pi}_{Ah}) = \frac{1-f}{n_h \bar{m}_h^2} \frac{1}{n_h - 1} \left(\sum\limits_{i=1}^{n_h} a_{hi}^2 + \pi_{Ah}^2 \sum\limits_{i=1}^{n_h} m_{hi}^2 - 2\hat{\pi}_{Ah} \sum\limits_{i=1}^{n_h} a_{hi} m_{hi} \right) \tag{6.4}$$

因而总体比例的估计量为：

$$\hat{\pi}_A = \sum\limits_{h=1}^{L} W_h \hat{\pi}_{Ah}$$

$$= \sum\limits_{h=1}^{L} W_h \frac{\sum\limits_{i=1}^{n_h} a_{hi}}{\sum\limits_{i=1}^{n_h} m_{hi}} \tag{6.5}$$

这里层权 $W_h = \dfrac{N_h M_h}{N}$。其方差为：

$$V(\hat{\pi}_A) = \sum_{h=1}^{L} W_h^2 V(\hat{\pi}_{Ah})$$

$$= \sum_{h=1}^{L} W_h^2 \frac{1-f}{n_h \overline{M}_h^2} \frac{\sum_{i=1}^{N_h} M_{hi}^2 (\pi_{Ahi} - \pi_{Ah})^2}{N_h - 1} \quad (6.6)$$

$V(\hat{\pi}_A)$ 的估计可表示为：

$$v(\hat{\pi}_A) = \sum_{h=1}^{L} W_h^2 \frac{1-f}{n_h \overline{m}_h^2} \frac{1}{n_h - 1} \left(\sum_{i=1}^{n_h} a_{hi}^2 + \pi_{Ah}^2 \sum_{i=1}^{n_h} m_{hi}^2 - 2\hat{\pi}_{Ah} \sum_{i=1}^{n_h} a_{hi} m_{hi} \right)$$

$$(6.7)$$

6.2 应用研究

考试作为大学各类教学活动中评估学生知识水平、检测教学质量的主要途径，对社会的发展有着重要意义。然而，目前我国大学各类考试中作弊现象屡禁不止，作弊方式五花八门、层出不穷。下面针对大学生作弊情况从数据方面进行分析。

本研究采用问卷调查方式，通过学生的自陈来获取数据，但调查的作弊情况属于敏感性问题，学生可能拒绝回答或故意做出虚假的回答，特别是那些作弊频繁的学生，可能会少报他们作弊的次数。这种少报的结果就是会破坏数据的真实性，使我们低估学生的作弊率和作弊次数。为了避免此类情况的发生，我们采取本书所提调查方法对大学生作弊情况进行调查，用非面对面的微信调查方式，由被调查者自己填写问卷。问卷开头首先给出一段说明性文字，解释本研究的目的和意义，明确指出会对被调查者的所有填写内容进行严格保密，并强调所使用的方法只能得到全体学生的作弊情况而不能推断出每个学生的作弊行为。将收集后的问卷进行初步筛选，把所有问题选择相同答案的问卷全部删除以提高问卷数据的可靠性。

由于本书所提调查方法的特点是保护个体隐私，目的是获得集体的敏感性特征信息，因而对集体隐私没有保护作用。当集体敏感性特征的暴露对个体没有影响甚至有利时，在掩护个体的前提下，个体会乐于合作。本研究在问卷开头说明调查的目的是"更好地为以后的学子服务"，则得到可靠样本数据的可能性很大。

在设计问卷时还要注意以下几点：

第一，为消除被调查者的防卫心理，尽量使所提问题不那么唐突，采取委婉提问的方式，使被调查者能够根据自己的实际情况回答问题以提高调查数据的质量。仔细斟酌调查语言，避免直接使用"作弊"这个词语。为了使问题的敏感度降低，将敏感性问题分解成若干个具体的低敏感度的问题提出，而不是直接询问"您作弊了吗？""您上学期的作弊次数是多少？"等，否则会令人反感而得不到真实回答。

第二，合理安排问题的先后次序，越敏感的问题越往后排，以免给人突兀感。容易回答的问题、不敏感的问题排在前面。在本问卷中，我们将心理因素方面的问题排在前面，而将询问作弊情况的问题排在最后。

第三，使敏感行为大众化，指出作弊行为虽然有违规范，但很多人都有过这种行为，从而消除被调查者的心理戒备。如问卷中第5题"很多人在考试中都有过以下行为，上一学年您有过吗？"

现欲估计某大学全体在校学生上学期考试作弊的比例，将全体在校学生划分为大一、大二、大三、大四和研一五层，以班为群，采用定性敏感性问题替代装置简化模型的分层整群抽样，随机抽取30个班级（大一、大二、大三、大四和研一各6个班）。

我们使用微信发布调查问卷，共有1 250个学生填写，回收有效问卷1 216份，基本情况如表6－1所示：

表6－1　基本信息

	大一	大二	大三	大四	研一	总计
人数（人）	262	248	245	240	221	1 216
占比（％）	21.6	20.4	20.1	19.7	18.2	100

我们得到如表6-2至表6-6所示的调查结果：

表6-2 大一年级回答"是"的比例

大一班级序号	问题1回答"是"的比例	问题2回答"是"的比例	问题3回答"是"的比例	问题4回答"是"的比例
1	0.83	0.13	0.64	0.48
2	0.79	0.25	0.58	0.41
3	0.72	0.31	0.51	0.32
4	0.64	0.36	0.43	0.27
5	0.75	0.28	0.54	0.36
6	0.77	0.26	0.56	0.39

表6-3 大二年级回答"是"的比例

大二班级序号	问题1回答"是"的比例	问题2回答"是"的比例	问题3回答"是"的比例	问题4回答"是"的比例
1	0.81	0.18	0.65	0.44
2	0.73	0.20	0.62	0.40
3	0.84	0.11	0.66	0.51
4	0.69	0.25	0.59	0.36
5	0.61	0.33	0.41	0.22
6	0.67	0.30	0.53	0.31

表6-4 大三年级回答"是"的比例

大三班级序号	问题1回答"是"的比例	问题2回答"是"的比例	问题3回答"是"的比例	问题4回答"是"的比例
1	0.61	0.28	0.52	0.37
2	0.68	0.30	0.43	0.28
3	0.82	0.15	0.69	0.49
4	0.53	0.36	0.40	0.19
5	0.78	0.19	0.61	0.43
6	0.75	0.24	0.58	0.41

表6-5 大四年级回答"是"的比例

大四班级序号	问题1回答"是"的比例	问题2回答"是"的比例	问题3回答"是"的比例	问题4回答"是"的比例
1	0.53	0.31	0.43	0.33
2	0.60	0.30	0.48	0.42
3	0.67	0.26	0.52	0.49
4	0.49	0.35	0.39	0.24
5	0.73	0.20	0.58	0.53
6	0.77	0.16	0.63	0.57

表6-6 研一年级回答"是"的比例

研一班级序号	问题1回答"是"的比例	问题2回答"是"的比例	问题3回答"是"的比例	问题4回答"是"的比例
1	0.89	0.08	0.71	0.54
2	0.81	0.14	0.66	0.46
3	0.73	0.18	0.59	0.40
4	0.58	0.24	0.45	0.29
5	0.64	0.20	0.51	0.33
6	0.82	0.14	0.64	0.45

按照式（6.3）计算得到各班的作弊率如表6-7所示：

表6-7 各班作弊率

大一班级序号	$\hat{\pi}_{A1i}$	大二班级序号	$\hat{\pi}_{A2i}$	大三班级序号	$\hat{\pi}_{A3i}$	大四班级序号	$\hat{\pi}_{A4i}$	研一班级序号	$\hat{\pi}_{A5i}$
1	0.22	1	0.51	1	0.66	1	0.81	1	0.86
2	0.35	2	0.57	2	0.68	2	0.79	2	0.88
3	0.40	3	0.50	3	0.59	3	0.78	3	0.90
4	0.42	4	0.61	4	0.71	4	0.82	4	0.93
5	0.39	5	0.73	5	0.62	5	0.74	5	0.92
6	0.38	6	0.62	6	0.63	6	0.72	6	0.88

由以上调查数据，按式（6.1）计算得到大一至研一作弊率的估计值分别为：$\hat{\pi}_{A1} = 0.35$，$\hat{\pi}_{A2} = 0.58$，$\hat{\pi}_{A3} = 0.66$，$\hat{\pi}_{A4} = 0.75$，$\hat{\pi}_{A5} = 0.90$。

按式（6.4）计算得 $\hat{\pi}_{A1}$、$\hat{\pi}_{A2}$、$\hat{\pi}_{A3}$、$\hat{\pi}_{A4}$ 和 $\hat{\pi}_{A5}$ 的估计方差分别为：$v(\hat{\pi}_{A1}) = 0.0039$，$v(\hat{\pi}_{A2}) = 0.0052$，$v(\hat{\pi}_{A3}) = 0.0061$，$v(\hat{\pi}_{A4}) = 0.0074$，$v(\hat{\pi}_{A5}) = 0.0091$。

由式（6.5）计算得该大学作弊率的估计值为：$\hat{\pi}_A = 0.68$。

按式（6.7）计算得 $\hat{\pi}_A$ 的估计方差为：$v(\hat{\pi}_A) = 0.0073$。

6.3　定量敏感性问题倍数回答模型的分层整群抽样

定量敏感性问题倍数回答模型的分层整群抽样步骤同前。

设总体分为 L 层，假设第 h 层的群数为 N_h，N 为总体中的单元总数，h 层中总体第 i 个群的大小为 M_{hi}，从 $h(h = 1,\cdots,L)$ 层中按简单随机抽样抽取 n_h 个群，n 为总样本单元数，记 X_{hij} 为第 h 层中总体第 i 个群第 j 个小单元的指标值，$i = 1,\cdots,N_h$，$j = 1,\cdots,M_{hi}$；x_{hij} 为第 h 层中样本第 i 个群第 j 个小单元的指标值，$i = 1,\cdots,n_h$，$j = 1,\cdots,m_{hi}$，其中 m_{hi} 是样本第 i 个群的大小。另外，记 $M_{h0} = \sum\limits_{i=1}^{N_h} M_{hi}$ 是 h 层总体中小单元的总数。

$X_{hi} = \sum\limits_{j=1}^{M_{hi}} X_{hij}$、$x_{hi} = \sum\limits_{j=1}^{m_{hi}} x_{hij}$ 分别表示第 h 层第 i 个群总体总量与第 h 层第 i 个群样本总量。

$\bar{X}_{hi} = \dfrac{X_{hi}}{M_{hi}}$、$\bar{x}_{hi} = \dfrac{x_{hi}}{m_{hi}}$ 分别表示第 h 层第 i 个群总体均值与第 h 层第 i 个样本均值。

$\bar{\bar{X}}_h = \dfrac{\sum\limits_{i=1}^{N_h}\sum\limits_{j=1}^{M_{hi}} X_{hij}}{M_{h0}}$、$\bar{\bar{x}}_h = \dfrac{\sum\limits_{i=1}^{n_h} \bar{x}_{hi}}{n_h}$ 分别表示第 h 层总体均值与第 h 层样本均值。

当 n 大时，h 层总体均值的近似无偏估计量为：

$$\hat{\bar{X}}_h = \frac{\sum_{i=1}^{n_h} x_{hi}}{\sum_{i=1}^{n_h} m_{hi}} \qquad (6.8)$$

其近似方差为:

$$V(\hat{\bar{X}}_h) \approx \frac{1-f}{n_h \bar{M}_h^2} \frac{\sum_{i=1}^{N_h} (X_{hi} - \bar{\bar{X}}_h M_{hi})^2}{N_h - 1}$$

$$= \frac{1-f}{n_h \bar{M}_h^2} \frac{\sum_{i=1}^{N_h} M_{hi}^2 (\bar{X}_{hi} - \bar{\bar{X}}_h)^2}{N_h - 1} \qquad (6.9)$$

其中 $\bar{M}_h = \frac{1}{N_h} \sum_{i=1}^{N_h} M_{hi}$ 是 h 层中总体群的平均大小。

而对于 h 层中第 i 个群中任意一个被调查者, 回答的结果为:

$$Z_{hij} = k X_{hij} + Y_{hij} + K$$

于是有:

$$E Z_{hij} = k E X_{hij} + E Y_{hij} + K$$

从而:

$$E X_{hij} = \frac{E Z_{hij} - E Y_{hij} - K}{k}$$

故 $E X_{hij}$ 的一个无偏估计为:

$$\hat{\mu} = \frac{\bar{z}_{hij} - E Y_{hij} - K}{k} \qquad (6.10)$$

$V(\hat{\bar{X}}_h)$ 的估计可表示为:

$$v(\hat{\bar{X}}_h) = \frac{1-f}{n_h \bar{m}_h^2} \frac{1}{n_h - 1} \Big(\sum_{i=1}^{n_h} x_{hi}^2 + \hat{\bar{X}}_h^2 \sum_{i=1}^{n_h} m_{hi}^2 - 2\hat{\bar{X}}_h \sum_{i=1}^{n_h} x_{hi} m_{hi} \Big)$$

$$(6.11)$$

因而总体均值的估计量为：

$$\hat{\bar{\bar{X}}} = \sum_{h=1}^{L} W_h \hat{\bar{\bar{X}}}_h$$

$$= \sum_{h=1}^{L} W_h \frac{\sum_{i=1}^{n_h} x_{hi}}{\sum_{i=1}^{n_h} m_{hi}} \qquad (6.12)$$

这里层权 $W_h = \frac{N_h M_h}{N}$。其方差为：

$$V(\hat{\bar{\bar{X}}}) = \sum_{h=1}^{L} W_h^2 V(\hat{\bar{\bar{X}}}_h)$$

$$= \sum_{h=1}^{L} W_h^2 \frac{1-f}{n_h \bar{M}_h^2} \frac{\sum_{i=1}^{N_h} M_{hi}^2 (\bar{X}_{hi} - \bar{\bar{X}}_h)^2}{N_h - 1} \qquad (6.13)$$

$V(\hat{\bar{\bar{X}}}_2)$ 的估计可表示为：

$$v(\hat{\bar{\bar{X}}}) = \sum_{h=1}^{L} W_h^2 \frac{1-f}{n_h \bar{m}_h^2} \frac{1}{n_h - 1} \left(\sum_{i=1}^{n_h} x_{hi}^2 + \hat{\bar{\bar{X}}}_h^2 \sum_{i=1}^{n_h} m_{hi}^2 - 2\hat{\bar{\bar{X}}}_h \sum_{i=1}^{n_h} x_{hi} m_{hi} \right)$$

$$= \sum_{h=1}^{L} W_h \frac{\sum_{i=1}^{n_h} x_{hi}}{\sum_{i=1}^{n_h} m_{hi}} \qquad (6.14)$$

6.4 应用研究

现欲估计某大学全体在校学生上学期考试作弊次数的均值，将全体在校学生划分为大一、大二、大三、大四和研一五层，以班为群，采用定量敏感性问题倍数回答模型的分层整群抽样，随机抽取 30 个班级（大一、大二、大三、大四和研一各 6 个班）。

按照第三章的讨论，在这个方法中，被调查者回答的是 $kX + Y + K$ 的取值，k 越大，精度越高，加上常数 K 是为了防止被调查者有意压低敏感性随机

变量 X 的取值。为了让结果好计算，避免被调查者计算失误，我们选择 $k = 2$ 和 $K = -20$ 。

按照公式 $\bar{x}_{hi} = \dfrac{x_{hi}}{m_{hi}}$ 计算得到各班学生考试作弊平均次数如表6－8所示：

表6－8　各班作弊平均次数

大一班级序号	$\hat{\bar{X}}_{1i}$	大二班级序号	$\hat{\bar{X}}_{2i}$	大三班级序号	$\hat{\bar{X}}_{3i}$	大四班级序号	$\hat{\bar{X}}_{4i}$	研一班级序号	$\hat{\bar{X}}_{5i}$
1	2.30	1	0.51	1	0.66	1	0.81	1	0.86
2	1.97	2	0.57	2	0.68	2	0.79	2	0.88
3	2.30	3	0.50	3	0.59	3	0.78	3	0.90
4	2.13	4	0.61	4	0.71	4	0.82	4	0.93
5	2.47	5	0.73	5	0.62	5	0.74	5	0.92
6	4.19	6	0.62	6	0.63	6	0.72	6	0.88

由以上调查数据，按式（6.8）计算得到大一至研一各班学生平均作弊次数的估计值分别为：$\hat{\bar{X}}_1 = 3.12$ 、$\hat{\bar{X}}_2 = 4.91$ 、$\hat{\bar{X}}_3 = 5.23$ 、$\hat{\bar{X}}_4 = 5.84$ 、$\hat{\bar{X}}_5 = 6.37$ 。

按式（6.11）计算得 $\hat{\bar{X}}_1$ 和 $\hat{\bar{X}}_2$ 的估计方差分别为：$v(\hat{\bar{X}}_1) = 0.47$ 、$v(\hat{\bar{X}}_2) = 0.71$ 、$v(\hat{\bar{X}}_3) = 0.79$ 、$v(\hat{\bar{X}}_4) = 0.89$ 、$v(\hat{\bar{X}}_5) = 0.97$ 。

由式（6.12）计算得该大学学生平均作弊次数的估计值为：$\hat{\bar{X}} = 5.33$ 。

按式（6.14）计算得 $\hat{\bar{X}}$ 的估计方差为：$v(\hat{\bar{X}}) = 0.78$ 。

这些数据令人触目惊心，具体研究结论如下：

第一，这些数据充分表明了该校大学生考试想作弊或已经作弊情况的普遍性，大学生考试作弊问题不是一个"有"与"无"的问题，而是"多"和"少"的问题。考试作弊不再只是偶发的行为，而是学生早有心理准备的。学习已经蜕变成为一种急功近利的行为，考试的功能已经异化，其带来的负效应甚至大于考试所带来的正效应。

第二，随着年级的增加，学生考试作弊有逐年增长的趋势。原因可能有以下几点：随着学生年级的提高，其参与的各项社会活动也会增加，这样在学习上投入的时间就会减少，大三、大四的学生还可能因为准备考证、考研以及出国而减少在某些课程上的学习时间，为了通过考试便会采取一些作弊行为；大多数大学都对作弊行为有严格的惩罚制度，但在执行上"讲情讲理"，高年级的学生已经熟悉这一规则，于是他们就开始尝试考试作弊，大一新生遵守规章制度，因为怕被开除，对考试作弊还持观望态度。

6.5　其他模型问题设计

用本书所提其他模型进行大规模敏感性问题调查时，也可以与复杂抽样方式相结合，推导方式类似，不再赘述，这里仅给出它们的问题设计。

1. 独立非敏感性问题模型

您是否有过第 5 题中的行为？您是否出生在 6 月（公历）？如果这两个问题您的答案都是肯定的或都是否定的，请回答"是"，否则请回答"否"，您的回答是（　　）。

2. 改进的独立非敏感性问题模型

您是否有过第 5 题中的行为？您是否出生在 6 月（公历）？如果这两个问题您的答案都是否定的，请回答"是"，否则请回答"否"，您的回答是（　　）。

3. 互斥非敏感性问题模型

对于上文的作弊案例，互斥问题不好找，因此另找案例：

如果您的月收入低于 8 000 元或高于 20 000 元，请回答"是"，否则请回答"否"，您的回答是（　　）。

在此案例中，一个人的月收入不可能同时低于 8 000 元和高于 20 000 元，因此是互斥的。

4. 双独立非敏感性问题模型

您是否有过第 5 题中的行为？您是否出生在 6 月（公历）？如果这两个问

题您的答案都是否定的，请回答"是"，否则请回答"否"，您的回答是（　　）。

根据下表中的规则如实回答"1"或"0"，并将该有序数对填入括号中［如（1，0）等］。

	有过第5题中的行为	从无第5题中的行为
出生在6月（公历）	1	0
不是出生在6月（公历）	0	1

	有过第5题中的行为	从无第5题中的行为
母亲的生肖属牛	0	1
母亲的生肖不属牛	1	0

问题1：您是否有过第5题中的行为？您是否出生在6月（公历）？如果这两个问题您的答案都是肯定的或都是否定的，请回答"1"，否则请回答"0"，您的回答是（　　）。

问题2：您是否有过第5题中的行为？您母亲的生肖是否属牛？如果这两个问题您的答案都是肯定的或都是否定的，请回答"0"，否则请回答"1"，您的回答是（　　）。

比如问题1和问题2您的答案分别是1和0，则回答（1，0）。

5. 敏感性问题替代随机化装置的无关问题模型

您有过第5题中的行为吗？如果有，请回答您是否出生在6月（公历），否则请回答您母亲的生肖是否属牛。您的回答是（　　）。

6. 无关问题替代随机化装置的无关问题模型

您是否出生在6月（公历）？如果是，请回答您是否有过第5题中的行为，否则请回答您母亲的生肖是否属牛。您的回答是（　　）。

7. 双问题替代随机化装置模型

您有过第5题中的行为吗？如果有，请回答"是"；如果您从无第5题中的行为且您母亲的生肖属牛请回答"否";如果您从无第 5 题中的行为且您母亲的生肖不属牛请回答您是否出生在 6 月(公历)。您的回答是（   ）。

8. 无关问题替代随机装置的多分类模型

您母亲的生肖属牛吗？如果是，请回答问题 1；如果不是，请回答问题 2。您的回答是（   ）。

问题 1：您的月收入是（   ）？

A. 低于 5 000 元　　　B. 5 000~10 000 元　　　C. 高于 10 000 元

问题 2：您出生在几月份(公历)（   ）？

A. 1—4 月　　　　　　B. 5—8 月　　　　　　C. 9—12 月

9. 和模型

您在考试中有过第 5 题行为的总次数？您有几个亲叔叔？如果第一个问题您的答案是 x 次，第二个问题您的答案是 y 个，请回答 $x+y$ 的数值。您的回答是（   ）。

10. 积模型

您在考试中有过第 5 题行为的总次数？您有几个亲叔叔？如果第一个问题您的答案是 x 次，第二个问题您的答案是 y 个，请回答 xy 的数值。您的回答是（   ）。

11. 推广无关问题模型

您是否出生在 6 月(公历)？如果不是，请回答您有几个亲叔叔；如果是，请回答您在考试中有过第 5 题行为的总次数。您的回答是（   ）。

12. 改进和模型

您是否出生在 6 月(公历)？如果是，请回答 $x+2$ 的数值；如果不是，请回答 $x+y$ 的数值。您的回答是（   ）。(注：这里 x 为您在考试中有过第 5 题行为的总次数，y 是您的亲叔叔的个数)

13. 改进积模型

您是否出生在 6 月(公历)？如果是，请回答 $2x$ 的数值；如果不是，请回答 xy 的数值。您的回答是（   ）。(注：这里 x 为您在考试中有过第 5 题行为的总次数，y 是您的亲叔叔的个数)

7 总结与展望

7.1 总结

本书在经典的随机化回答模型的基础上提出四个新的模型，然后对经典模型和提出的模型进行改造利用，提出了不需要随机化装置的敏感性问题调查方法，给出了相应的无偏估计量、推算出估计量的方差和方差的估计量，并以两个典型模型为代表说明了它们的应用。

7.1.1 本书提出的四个改进模型

1. 用于定性敏感性问题的随机化回答模型

（1）改进的 Simmons 模型。此模型的思路是，所有被调查者首先经历第一套装置，以概率 q 回答敏感性问题，以概率 $1-q$ 抽取第二套随机装置；在第二套随机装置中，以概率 p 回答敏感性问题，以概率 $1-p$ 回答与敏感性问题无关的非敏感性问题，即第二套装置与 Simmons 模型中所使用装置相同。

这个思路对于被调查者来说，需要经历两个随机化装置，被调查者也许觉得麻烦，不愿意配合，因此，我们考虑用一个随机化装置来完成调查。

此模型介于直接提问模型和 Simmons 模型之间，直接回答的比例越大，敏感性信息的含量越多，估计量的精度也就越高。当 $q=0$ 时，该模型等同于 Simmons 模型；当 $0 < q < 1$ 时，该模型的精度高于 Simmons 模型；当 $q=1$ 时，该模型等同于直接提问模型。

（2）改进 Simmons 模型的简化模型。此模型是上一个模型的简化，其操作比上一个模型简便。不过，上一个模型给出了详细的设计方法，其思路还可以复制推广到其他经典随机化回答模型，增加敏感性信息的含量以提高其他经典随机化回答模型估计量的精度。

2. 用于定量敏感性问题的随机化回答模型

（1）改进的加法模型。此模型在加法模型的基础上进行了改进，其精度比加法模型高。

（2）改进的乘法模型。此模型在乘法模型的基础上进行了改进，其精度比乘法模型高。

以上四种模型分别讨论了放回简单随机抽样和不放回简单随机抽样两种方法，并给出了相应的无偏估计量，推算出估计量的方差和方差的估计量。

7.1.2 对随机化回答技术的经典模型和新提出的模型进行改造利用

本书提出用无关问题或敏感性问题替代随机化装置，或在问卷中使用非敏感性问题来间接获得所需信息的方法。这是一种不需要随机化装置的敏感性问题调查方法。本书设计了九种用于敏感性问题的问卷调查方法，其中 8 种用于二分类敏感性问题，1 种用于多分类敏感性问题。还设计出 6 种用于定量敏感性问题的问卷调查方法。

改进后的方法主要有如下优点：①适用于不同类型的调查，既可用于现场调查，也可用于网络调查等非现场调查，适应大数据时代统计调查的特点。由于不需要调查者亲临现场，因此调查不受调查范围、调查规模及调查单位聚散的限制，拓展了敏感性问题的调查范围和领域。②省去了制作随机化装置的环节，调查者和被调查者都更容易操作，大大节约了调查成本，提高了调查效率。③由于不用直接面对敏感性问题，被调查者更愿意合作，有利于降低非抽样误差。④有些模型的精度比随机化回答模型更高。⑤在对调查资料进行核对时，如果发现异常可以再次调查。对设计的每种模型都给出了相应的无偏估计量，推算出估计量的方差和方差的估计量。

7.1.3 将研究内容应用于实践

将本书所提模型与复杂抽样方法结合，并考虑到语言的艺术性，向被调查者说明调查的目的和意义,并对被调查者承诺资料保密,对其中两种分层整群抽样调查方法进行设计,推导出两种方法在分层整群抽样下总体比例和均值的估计量、估计量的方差及方差的估计量的计算公式(其他方法推导类似,本书仅给出问题设计),并将这些公式运用于某大学作弊情况调查中,计算出了作弊率和作弊次数。调查结果令人触目惊心,考试作弊已成为大学校园里非常严重的问题,检验了本书所提方法的应用效果。

7.2 研究展望

改进的随机化回答模型精度更高,较小的样本量可使估计量达到同样的精度,因此可以节约调查成本,提高调查的质量和效率。去除随机化装置的方法使得敏感性问题不仅可以在现场调查,还可以在非现场调查,敏感性问题非现场调查技术的理论意义与实用价值较高,诸多调查模型与复杂抽样设计方法结合,运用到实际的调查中,可大大拓展敏感性问题的调查范围和领域,有着广阔的应用前景。

然而,受研究条件所限,本书的研究还存在很多不足之处,有待未来进一步深入研究,具体来说,表现在以下四个方面:

第一,本书的研究都是在假设所有被调查者真实回答的基础上进行讨论的,但在敏感性问题实际调查中,对于不同的调查方法,被调查者真实回答的概率是不同的。对被调查者隐私保护度较高的方法,通常被调查者真实回答的概率较高,反之较低。

对于定性敏感性问题,假设被调查者如实回答敏感性问题的概率为 T,而对于不相关的非敏感性问题的回答则全部真实,可得到回答"是"的概率的确切表达式,但此时估计量是有偏的,如何确定 T 需要进一步探索。

定量敏感性问题处理起来难度更大些,当被调查者不如实回答时,如何确定其回答数据的规律、期望和方差是具有挑战性的问题。

第二,本书共设计了 15 种敏感性问题问卷调查方式(9 种用于定性敏感性问题,6 种用于定量敏感性问题),不同问卷调查方式间是在相同保护度的前提下比较效率，或在相同效率下比较保护度，如何科学定义隐私的保护度有待进一步研究。

第三，在所设计的用于定性敏感性问题的调查方法中，有的模型所得到的无偏估计量 $\hat{\pi}_A$ 并不是最大似然估计，这是因为 $\hat{\pi}_A$ 有可能不属于区间 $[0, 1]$，它有可能为负数也有可能大于 1，最大似然估计应为 $\min\{\max\{0, \hat{\pi}_A\}, 1\}$，但该估计量是有偏的。

为了克服以上缺点，可以考虑贝叶斯方法，但如何确定先验分布、计算贝叶斯估计量是一个具有挑战性的问题。

第四，要真正从理论上找到一个精度较高、保护度较好的模型，还涉及如何选择参数，这也值得继续深入探索。

附　录

调查问卷

亲爱的大学生朋友：

您好！首先非常感谢您参加这次问卷调查！这是一份毕业设计问卷，纯属学术研究，采用匿名填写，不会对您造成任何影响。但您的作答对我们的研究具有很大的意义和价值，因此，请填写真实的信息，以便我们获得最真实的资料，提出科学合理的方案，更好地为以后的学子服务。

再次感谢您的真诚合作！

学生处

1. 如果下列三项叙述中，您至少同意一项，请回答"是"，否则请回答"否"，您的回答是(　　)。

（1）我希望我的成绩比班上大多数同学好。

（2）对我来说，表现得比别人更出色很重要。

（3）我努力学习的原因是我希望成绩可以超过其他同学。

2. 如果下列三项叙述中，您至少同意一项，请回答"是"，否则请回答"否"，您的回答是(　　)。

（1）考前我经常担心会考得不好。

（2）我希望我的学习成绩在班上排名不要太后。

（3）我很担心如果问别人一个很简单的问题，老师和同学就会认为我不聪明。

3. 如果下列三项叙述中，您至少同意一项，请回答"是"，否则请回答"否"，您的回答是(　　)。

（1）我认为学习过程比一个好分数重要。

（2）我希望课堂上的教学内容可以使我学到很多新东西。

（3）我喜欢课堂上能够激发探索欲的学习内容，即使它学习起来比较困难。

4. 如果下列三项叙述中，您至少同意一项，请回答"是"，否则请回答"否"，您的回答是（　　　）。

（1）我认为我的学习成绩在班上名列前茅。

（2）我能够很好地理解所学专业知识。

（3）我认为自己能够很好地理解课堂上教师讲授的知识内容。

5. 很多人在考试中都有过以下行为，上一学年您有过吗？如果有过，请回答"是"，否则请回答您是否出生在 6 月（公历），您的回答是（　　　）。

（1）考试前在比较隐秘的地方抄好与考试相关的内容。

（2）考试时看周围同学的答案。

（3）考试时通过纸条、手势、手机与别人交流答案。

（4）闭卷考试时将相关资料放在唾手可得的地方。

（5）考试时与身边同学交头接耳。

（6）有意让其他同学抄袭自己的答案。

（7）代替别人参加考试。

（8）让别人代替自己考试。

6. 上一学年您在考试中有过上一题行为的总次数？您有几个亲叔叔？如果第一个问题您的答案是 x 次，第二个问题您的答案是 y 个，请回答 $2x + y - 20$ 的数值。您的回答是（　　　）。

参考文献

［1］陈根. 随机化回答技术在敏感性问题调查中的一种新应用［J］. 统计与决策，2007（2）.

［2］史锋苹，刘建平. 敏感性问题调查新议［J］. 统计与决策，2004（1）.

［3］涂光华，马岚. 企业市场调查中敏感性问题的处理［J］. 统计研究，2002（10）.

［4］赵俊康. 整群抽样下的随机化回答模型［J］. 统计研究，1995（1）.

［5］WARNER S L. Randomized response：a survey technique for eliminating evasive answer bias［J］. Journal of the American statistical association，1965，60（309）.

［6］GREENBERG B G，ABUL-ELA A L A，SIMMONS W R，et al. The unre-lated question randomized response model：theoretical framework［J］. Journal of the American statistical association，1969，64（326）.

［7］KUK A Y C. Asking sensitive questions indirectly［J］. Biometrika，1990，77（2）.

［8］MANGAT N S，SINGH R. An alternative randomized response procedure［J］. Biometrika，1990，77（2）.

［9］MANGAT N S，SINGH R，SINGH S. An improved unrelated question ran-domized response strategy［J］. Calcutta statistical association bulletin，1992，42.

［10］MANGAT N S. An improved randomized response strategy［J］. Journal of the royal statistical society，1994.

[11] MANGAT N S, SINGH S. An optional randomized response sampling technique [J] . Journal of Indian statistical association, 1994, 32.

[12] CHRISTOFIDES T C. A generalized randomized response technique [J] . Metrika, 2003, 57 (2) .

[13] CHRISTOFIDES T C. Randomized response technique for two sensitive characteristics at the same time [J] . Metrika, 2005, 62 (1) .

[14] ALHASSAN A W, OHUCHI S, TAGURI M. Randomized response designs considering the probability of dishonest answers [J] . Journal of the Japanese society of computational statistics, 1991, 4 (1) .

[15] ARNAB R. Optional randomized response techniques for complex survey designs [J] . Biometrical journal, 2004, 46 (1) .

[16] BARABESI L, FRANCESCHI S, MARCHESELLI M. A randomized response procedure for multiple-sensitive questions [J] . Statistical papers, 2012, 53 (3) .

[17] HUANG K C. Estimation for sensitive characteristics using optional randomized response technique [J] . Quality & quantity, 2008, 42 (5) .

[18] KIM J M, HEO T Y. Randomized response group testing model [J] . Journal of statistical theory and practice, 2013, 7 (1) .

[19] KIM J M, TEBBS J M, AN S W. Extensions of Mangat's randomized-response model [J] . Journal of statistical planning and inference, 2006, 136 (4) .

[20] LAND M, SINGH S, SEDORY S A. Estimation of a rare sensitive attribute using poisson distribution [J] . Statistics, 2012, 46 (3) .

[21] LEE C S, SEDORY S A, SINGH S. Estimating at least seven measures of qualitative variables from a single sample using randomized response technique [J] . Statistics & probability letters, 2013, 83 (1) .

[22] LIU P T, CHOW L P, MOSLEY W H. Use of the randomized response technique with a new randomizing device [J] . Journal of the American statistical association, 1975, 70 (350) .

［23］ MOSHAGEN M, MUSCH J. Surveying multiple sensitive attributes using an extension of the randomized-response technique ［J］. International journal of public opinion research, 2012, 24 (4).

［24］ SAHA A. An optional scrambled randomized response technique for practical surveys ［J］. Metrika, 2011, 73 (2).

［25］ TAMHANE A C. Randomized response techniques for multiple sensitive attributes ［J］. Journal of the American statistical association, 1981, 76 (376).

［26］ WINKLER R L, FRANKLIN L A. Warner's randomized response model: a Bayesian approach ［J］. Journal of the American statistical association, 1979, 74 (365).

［27］ PITZ G. Bayesian analysis of randomized response models ［J］. Journal of pychological bulletin, 1980, 87.

［28］ O 'HAGAN A. Bayes linear estimators for randomized response models ［J］. Journal of the American statistical association, 1987, 82 (398).

［29］ WAKEEL A, ASLAM M. Bayesian estimation of rare sensitive attributes ［J］. Thailand statistician, 2013, 11 (1).

［30］ MIGON H S, TACHIBANA V M. Bayesian approximations in randomized response model ［J］. Computational statistics & data analysis, 1997, 24 (4).

［31］ BARABESI L, MARCHESELLI M. Bayesian estimation of proportion and sensitivity level in randomized response procedures ［J］. Metrika, 2010, 72 (1).

［32］ BARABESI L, MARCHESELLI M. A practical implementation and Bayesian estimation in Franklin's randomized response procedure ［J］. Communications in statistics-simulation and computation, 2006, 35 (3).

［33］ UNNIKRISHNAN N K, KUNTE S. Bayesian analysis for randomized response models ［J］. Sankhyā: the Indian journal of statistics, 1999.

［34］ BAR-LEV S K, BOBOVICH E, BOUKAI B. A common conjugate prior structure for several randomized response models ［J］. Test, 2003, 12 (1).

[35] HUSSAIN Z, SHABBIR J. Bayesian estimation of population proportion of a sensitive characteristic using simple beta prior [J]. Pakistan journal of statistics, 2009, 25 (1).

[36] GREENBERG B G, KUEBLER JR R R, ABERNATHY J R, et al. Application of the randomized response technique in obtaining quantitative data [J]. Journal of the American statistical association, 1971, 66 (334).

[37] HIMMELFARB S, S E EDGELL. Additive constants model: a randomized response technique for elimination evasiveness to quantitative response questions [J]. Psychological bulletin, 1980, 87 (3).

[38] EICHHORN B H, HAYRE L S. Scrambled randomized response methods for obtaining sensitive quantitative data [J]. Journal of statistical planning and inference, 1983, 7 (4).

[39] GUPTA S, GUPTA B, SINGH S. Estimation of sensitivity level of personal interview survey questions [J]. Journal of statistical planning and inference, 2002, 100 (2).

[40] CHAUDHURI A, SAHA A. Optional versus compulsory randomized response techniques in complex surveys [J]. Journal of statistical planning and inference, 2005, 135 (2).

[41] CHAUDHURI A, MUKERJEE R. Optionally randomized response techniques [J]. Calcutta statistical association bulletin, 1985, 34.

[42] CHAUDHURI A, DIHIDAR K. Estimating means of stigmatizing qualitative and quantitative variables from discretionary responses randomized or direct [J]. Sankhya, 2009, 71.

[43] GUPTA S, SHABBIR J, SEHRA S. Mean and sensitivity estimation in optional randomized response models [J]. Journal of statistical planning and inference, 2010, 140 (10).

[44] HUANG K C. Unbiased estimators of mean, variance and sensitivity level for quantitative characteristics in finite population sampling [J]. Metrika, 2010,

71（3）.

［45］ PAL S. Unbiasedly estimating the total of a stigmatizing variable from a complex survey on permitting options for direct or randomized responses ［J］. Statistical papers，2008，49（2）.

［46］ ARNAB R. Optional randomized response techniques for complex survey designs ［J］. Biometrical journal，2004，46（1）.

［47］ CHAUDHURI A. Randomized response：estimating mean square errors of linear estimators and finding optimal unbiased strategies ［J］. Metrika，1992，39（1）.

［48］ HOUSILA P SINGH，TANVEER A TARRAY. An improvement over kim and elam stratified unrelated question randomized response model using neyman allocation ［J］. Sankhya，2015，77.

［49］ KI H H，JUN K Y，HWA Y L. A stratified randomized response technique ［J］. Korean journal of applied statistics，1994，7（1）.

［50］ KIM J M，ELAM M E. A stratified unrelated question randomized response model ［J］. Statistical papers，2007，48（2）.

［51］ KIM J M，WARDE W D. A stratified Warner's randomized response model ［J］. Journal of statistical planning and inference，2004，120（1）.

［52］ LEE G S，UHM D，KIM J M. Estimation of a rare sensitive attribute in a stratified sample using poisson distribution ［J］. Statistics，2013，47（3）.

［53］ CHRISTOFIDES T C. Randomized response in stratified sampling ［J］. Journal of statistical planning and inference，2005，128（1）.

［54］ BLANK S G，GAVIN M C. The randomized response technique as a tool for estimating non-compliance rates in fisheries：a case study of illegal red abalone（Haliotis rufescens）fishing in Northern California ［J］. Environmental conservation，2009，36（2）.

［55］ COUTTS E，JANN B，KRUMPAL I，et al. Plagiarism in student papers：prevalence estimates using special techniques for sensitive questions ［J］. Jahrbücher für national ？ konomie und statistik，2011，231（5/6）．

［56］DIETZ P，STRIEGEL H，FRANKE A G，et al. Randomized response esti-mates for the 12-month prevalence of cognitive-enhancing drug use in university students ［J］. Pharmacotherapy：the journal of human pharmacology and drug therapy，2013，33（1）．

［57］FRANKE A G，BAGUSAT C，DIETZ P，et al. Use of illicit and pre-scription drugs for cognitive or mood enhancement among surgeons ［J］. BMC medi-cine，2013，11（1）．

［58］MORTAZ HEJRI S，ZENDEHDEL K，ASGHARI F，et al. Academic disin-tegrity among medical students：a randomised response technique study ［J］. Medical education，2013，47（2）．

［59］JANN B，JERKE J，KRUMPAL I. Asking sensitive questions using the crosswise model：an experimental survey measuring plagiarism ［J］. Public opinion quarterly，2012，76.

［60］JOHN F A V S，EDWARDS-JONES G，GIBBONS J M，et al. Testing novel methods for assessing rule breaking in conservation ［J］. Biological conserva-tion，2010，143（4）．

［61］KARLAN D S，ZINMAN J. List randomization for sensitive behavior：an application for measuring use of loan proceeds ［J］. Journal of development economics，2012，98（1）．

［62］KERKVLIET J. Estimating a logit model with randomized data：the case of cocaine use ［J］. Australian journal of statistics，1994，36（1）．

［63］KUHA J，JACKSON J. The item count method for sensitive survey ques-tions：modelling criminal behaviour ［J］. Journal of the royal statistical society，2014，63（2）．

［64］KRUMPAL I. Estimating the prevalence of xenophobia and anti-Semitism in Germany：a comparison of randomized response and direct questioning ［J］. Social sci-ence research，2012，41（6）．

［65］ MADDALA G S. Limited-dependent and qualitative variables in econometrics ［M］. Cambridge：Cambridge University Press，1986.

［66］ PITSCH W，EMRICH E，KLEIN M. Doping in elite sports in Germany：results of a www survey ［J］. European journal for sport and society，2007，4（2）.

［67］ SCHEERS N J. A review of randomized response techniques ［J］. Measurement and evaluation in counseling and development，1992，25.

［68］ STRIEGEL H，SIMON P，HANSEL J，et al. Doping and drug use in elite sports：an analysis using the randomized technique ［J］. Medicine and science in sports and exercise，2006，38（5）.

［69］ STRIEGEL H，ULRICH R，SIMON P. Randomized response estimates for doping and illicit drug use in elite athletes ［J］. Drug and alcohol dependence，2010，106（2）.

［70］ UMESH U N，PETERSON R A. A critical evaluation of the randomized response method ［J］. Social methods research，1991，20（1）.

［71］ VAN DER HEIJDEN P G M，VAN GILS G. Some logistic regression models for randomized response data ［C］//Statistical modeling. Proceedings of the 11th international workshop on statistical modeling. Orvieto，Italy. 1996.

［72］ VAN DER HEIJDEN P G M，BOUTS J，HOX J J. A comparison of randomized response，computer-assisted self-interview，and face-to-face direct questioning eliciting sensitive information in the context of welfare and unemployment benefit ［J］. Sociological methods & research，2000，28（4）.

［73］ MILLER J D，CISIN I H，HARREL A V. A new technique for surveying deviant behavior：item-count estimates of marijuana，cocaine，and heroin ［C］// Annual meeting of the American association for public opinion research，St. Petersburg，FL，USA，1986.

［74］ MILLER J D. The nominative technique：a new method of estimating heroin prevalence ［J］. NIDA Research Monograph，1985，54.

［75］ ESPONDA F，GUERRERO V M. Surveys with negative questions for sensitive items［J］. Statistics & probability letters, 2009, 79（24）.

［76］COUTTS E, JANN B, KRUMPAL I, et al. Plagiarism in student papers: prevalence estimates using special techniques for sensitive questions［J］. Journal of economics and statistics, 2011, 231（5－6）.

［77］DROITCOUR J A, LARSON E M, GENERAL U S. The three card method: estimating sensitive survey items with permanent anonymity of response［C］//Proceedings of the social statistics section, American statistical association, 2001.

［78］ESPONDA F. Negative surveys［J］. arXiv preprint math/0608176, 2006.

［79］CHAUDHURI A, CHRISTOFIDES T C. Item count technique in estimating the proportion of people with a sensitive feature［J］. Journal of statistical planning and inference, 2007, 137（2）.

［80］MORTAZ HEJRI S, ZENDEHDEL K, ASGHARI F, et al. Academic disintegrity among medical students: a randomised response technique study［J］. Medical education, 2013, 47（2）.

［81］HUSSAIN Z, SHABBIR J. On item count technique in survey sampling［J］. Journal of informatics and mathematical sciences, 2010, 2（2/3）.

［82］IMAI K. Multivariate regression analysis for the item count technique［J］. Journal of the American statistical association, 2011, 106（494）.

［83］JANN B, JERKE J, KRUMPAL I. Asking sensitive questions using the crosswise model: an experimental survey measuring plagiarism［J］. Public opinion quarterly, 2012, 76.

［84］John F A V S, EDWARDS-JONES G, GIBBONS J M, et al. Testing novel methods for assessing rule breaking in conservation［J］. Biological conservation, 2010, 143（4）.

［85］KREBS C P, LINDQUIST C H, WARNER T D, et al. Comparing sexual assault prevalence estimates obtained with direct and indirect questioning techniques［J］. Violence against women, 2011, 17（2）.

［86］KUTNICK B, BELSER P, DANAILOVA-TRAINOR G. Methodologies

for global and national estimation of human trafficking victims: current and future approaches [M]. Genev: International Labour Office, 2007.

[87] MILLER J D. A new survey technique for studying deviant behavior [M]. Washington: The George Washington University, 1984.

[88] CHAUDHURI A. Unbiased estimation of a sensitive proportion in general sampling by three nonrandomized response schemes [J]. Journal of statistical theory and practice, 2012, 6 (2).

[89] BIEMER P, BROWN G. Model-based estimation of drug use prevalence using item count data [J]. Journal of official statistics, 2005, 21 (2).

[90] PAL S. Estimating the proportion of people bearing a sensitive issue with an option to item count lists and randomized response [J]. Statistics in transition, 2007, 8.

[91] RAGHAVARAO D, FEDERER W T. Block total response as an alternative to the randomized response method in surveys [J]. Journal of the royal statistical society, 1979.

[92] XIE H, KULIK L, TANIN E. Privacy-aware collection of aggregate spatial data [J]. Data and knowledge engineering, 2011, 70 (6).

[93] CHRISTOFIDES T C. Randomized response without a randomization device [J]. Advances and applications in statistics, 2009, 11.

后 记

历经我读博期间三年的紧张工作和不懈努力，本书终于得以完成。在此，我想对给予我无私帮助的老师和朋友表示最诚挚的感谢。

首先要感谢我的导师刘建平教授，他对本书的完成提出了宝贵意见。刘教授对学术执着追求的精神深刻地浸润着我，使我受益匪浅。他严谨细致、一丝不苟的作风将一直会是我学习、工作中的榜样。

感谢暨南大学统计系的各位老师，他们教会了我很多专业知识。韩兆洲教授、雷钦礼教授、尹居良教授、郑少智教授、陈光慧教授等提出的意见和建议对本书的完成起到积极的促进作用，在此谨向他们表示真诚的感谢和由衷的敬意。

在此也向对本书的出版给予帮助的人们致以深深的谢意！

梁 敏
2018 年 10 月于北京师范大学珠海分校